Q & A
関東大震災100年
朝鮮人虐殺問題を考える

朝鮮大学校朝鮮問題研究センター・在日朝鮮人関係資料室　編

フォーラム平和・人権・環境　発行

八月書館

目次

はじめに
——関東大震災朝鮮人虐殺から100年目の年に

　本年は、関東大震災から 100 年の節目を迎えます。

　1923 年 9 月 1 日午前 11 時 58 分、神奈川県相模湾でマグニチュード 7.9 の大地震が起き、関東地方の広範囲に甚大な被害をもたらしました。建物の倒壊や火災などによる死者・行方不明者は 10 万 5 千人にのぼります。

　しかし、自然災害のみが起こったのではありません。

　震災下で流言が飛び交い、戒厳令が下されるなか、軍隊、警察、自警団らによって他民族への大量虐殺が行われたのです。それによって朝鮮人が 6,000 人以上、中国人が 700 人以上犠牲になりました。日本人の中にも亀戸事件、大杉事件で社会主義者と無政府主義者、労働運動家が殺されたほか、朝鮮人として誤殺された者も少なくありません。

　なぜこうした「人災」が起きたのでしょうか。

　歴史をさかのぼると、日本の朝鮮侵略は、1875 年の江華島事件に始まり、日清・日露戦争を経て、1910 年の韓国強制併合による植民地支配に帰着しました。かかる侵略と植民地支配に対して朝鮮内外では絶え間なく独立運動が展開されましたが、日本はそれらにはげしい弾圧をくわえていきました。それに直接関わった者たちが、震災下では政府要人として、軍隊・警察として、在日朝鮮人の前にあらわれたのです。また、くりかえされた弾圧の過程で日本社会には朝鮮人＝「不逞鮮人」という見方がひろがり、日本民衆も震災下の朝鮮人虐殺に加担しました。このように、関東大震災下の官民一体の朝鮮人虐殺は、朝鮮侵略の帰結であり、植民地支配がうみだしたものです。しかし、日本政府は虐殺の隠ぺいと正当化をはかり、今日まで真相究明と加害責任を果たし

ていません。それゆえに生存者や遺族は苦しみのなかで生き、在日朝鮮人社会に深いトラウマを残してきました。朝鮮人虐殺問題は一切解決していないのです。

そればかりか、虐殺から100年目を迎えた日本社会の現状はどうでしょうか。

朝鮮学校の無償化からの除外、地方自治体の補助金停止など、朝鮮民主主義人民共和国への「制裁」を背景に朝鮮学校への迫害が続いています。こうした制度的差別は社会的差別を助長しています。新型コロナの感染拡大のなかで、さいたま市による埼玉朝鮮幼稚園のマスク配布除外はその端的な例でした。「転売の恐れがあるから」という市職員の説明は「朝鮮人は犯罪者」という差別と偏見のくりかえしともいえ、抗議によって撤回されたものの、同幼稚園には「朝鮮に帰れ」「もらったらただでは済まない」といった排外的なメールや電話が相次ぎました。

無償化制度からの朝鮮高級学校の除外（『朝鮮新報』2022年3月18日付）

「上から」の排外主義が「下から」の排外主義をうみだすのです。関東大震災時の教訓が生かされていない事例はこれだけではありません。2000年以降、そうした暴力はよりひろまっています。

2000年の石原慎太郎東京都知事による「三国人」発言、2009年の在特会による京都朝鮮第1初級学校への襲撃事件、2013年の在特会らによるデモ（新大

「在特会」の排外主義デモ

久保）で掲げられた「良い韓国人も悪い韓国人もどちらも殺せ」という
プラカード、同年に在特会らのデモで中学生が叫んだ「南京大虐殺じゃ
なくて、鶴橋大虐殺をしますよ！」という暴言、2018 年の右翼による
朝鮮総聯中央本部銃撃事件、2020 年に川崎ふれあい館宛てに送りつけ
られてきた「在日韓国朝鮮人をこの世から抹殺しよう。生き残りがいた
ら惨酷に殺して行こう」という「年賀状」、2021 年の民団愛知県本部お
よび名古屋韓国学校放火事件とウトロ放火事件、2022 年のコリア国際
学園放火事件、JR 赤羽駅ホーム上の横断幕に記された「朝鮮人コロス
会」という落書き等々、挙げ出すと枚挙にいとまがありません。

　これらをみると、在日朝鮮人は制度的な差別に加え、今なお直接的な
暴力にさらされていることが
わかります。そうしたなかで、
朝鮮人虐殺はなかったとする
歴史否定論が大手を振ってお
り、災害時には SNS などで、
100 年前と同じく「朝鮮人犯
罪」に関わるデマが繰り返され
ているのが現状なのです。

　このような日本と在日朝鮮
人をめぐる状況は、関東大震災
朝鮮人虐殺が決して過去の歴
史ではなく「生きた歴史」であ
るということをわれわれに投
げかけています。当時と変わら
ない現状を正すために、われわ
れは歴史を学ぶことから始め
なくてはならないのではない
でしょうか。

京都府宇治市ウトロ地区で起きた放火事件
（『朝鮮新報』2022 年 5 月 27 日付）

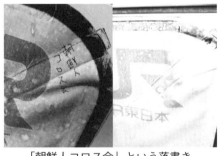

「朝鮮人コロス会」という落書き
（『朝鮮新報』2022 年 10 月 7 日付）

　このブックレットは、こうした緊急の課題に向き合うために作成されました。

　関東大震災朝鮮人虐殺をめぐる6つのテーマ——〈歴史的背景〉〈虐殺の発生とその責任〉〈犠牲者と生存者〉〈今日まで続く虐殺の隠ぺい〉〈犠牲者の追悼〉〈課題—今、何が求められているのか〉——を設定し、そのなかで全15個の解説をQ&A形式で記しました。

　それぞれのQ&Aは、既存の研究成果をふまえながらも、虐殺の歴史的背景、被害当事者の動向、植民地支配と虐殺の責任をより深く考えるために、朝鮮近現代史・在日朝鮮人史の視点を重視しながら叙述することにつとめました。

　本書が、みなさんの歴史認識を深めるものに、そして、今後も続けざるをえない、虐殺の真相を究明し責任を追及する運動に寄与するものになれば幸いです。

　　2023年9月1日
　　　朝鮮大学校朝鮮問題研究センター・在日朝鮮人関係資料室

歴史的背景

Q1 朝鮮人虐殺と侵略・植民地支配との関係は？
── 虐殺した側の歴史

　関東大震災朝鮮人虐殺をもたらしたものは、日本の朝鮮侵略と植民地支配です。まずはその歴史からひもといていきましょう。

　1894年、日本軍は「朝鮮の独立」を口実に、清との戦争を始めましたが、実際には、朝鮮の甲午農民軍に対して「鎮圧」を行いました。その後の日露戦争以降も抵抗する義兵を苛烈に弾圧しています。こうして10世紀末以来、植民地化に抵抗する朝鮮民衆と、それを圧倒的な軍事力をもって虐殺・迫害することで植民地を「獲得」しようとする日本との間で、「戦争」が続きました（これを「植民地戦争」と称します）。その間、ジェノサイドが頻発し、甲午農民戦争では約3〜5万人が、義兵戦争では約2万人以上が殺されたといわれます。

　日本の軍隊、憲兵、警察は、1910年の「韓国併合」後も、独立運動と、それに関わるとみなした民衆への虐殺・迫害を朝鮮国内や中国東北地方、シベリアなどで繰り

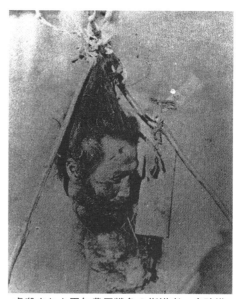

虐殺された甲午農民戦争の指導者・全琫準
震災時にも植民地戦争同様に斬首が行われた

返していきました。その代表的なものとして、1919年の3・1独立運動弾圧では7,500人が、1920年の間島大虐殺では数千人が殺されました。

　その間、日本の各紙は、朝鮮人の独立の意志と行動を否定し、それを「暴徒」とみなした記事を流し続けていきます。そうして、3・1独立運動後の日本社会には、「独立の陰謀をはかる恐るべき朝鮮人」＝「不逞鮮人」というイメージが広がりました。朝鮮内外での弾圧とメディアの宣伝のなか、在日朝鮮人運動への警戒も強まります（☞Q2）。

　このようにみると、朝鮮人は日本による虐殺と迫害の「連続」のなかで関東大震災を迎えることになったのです。その「連続」は、関東大震災の時に「誰が」朝鮮人を殺したのかについて考えるうえでとても重要です。

　なぜなら、関東大震災時に戒厳令を発布した要人は、朝鮮独立運動の弾圧を指揮した者たちだったからです。震災時の内務大臣・水野錬太郎と警視総監・赤池濃は、3・1独立運動直後にそれぞれ総督府政務総監と警務局長に就いた者です。戒厳令の発布とは、朝鮮独立運動弾圧の延長線上にあったのです（☞Q3）。また、近年明らかになっているように、震災時に各地におもむいた師団やその責任者（司令官・参謀長など）も侵略に関わってきた軍隊・軍人です【表1】。

　つまり、朝鮮侵略と植民地支配を行ってきた者たちが関東大震災時に戒厳令を敷き、侵略のなかで朝鮮人を虐殺・迫害してきた軍隊・軍人が、戒厳令下で、またもや非人道的な行為に及んだのでした。また、在郷軍人、青年団員、消防団員が中心となった自警団も朝鮮人虐

鉄道敷設に反対した朝鮮民衆を虐殺する軍

表1　関東大震災時の日本政府・軍要人とそ経歴（一部）

名前	関東大震災時	経歴
大庭二郎 (1864~1935)	軍事参議官 陸軍大将	東学農民戦争時：兵站総監部副官 日露戦争時：第3軍参謀副長（旅順）、 　　　　　　その後大本営参謀 　　　　　　1905年1月、第2師団参謀長 　　　　　　（朝鮮駐箚軍） 1915.2.15~1919.11.25：臨時朝鮮派遣、第3師団 　　　　　　　　　　　長（シベリア出兵） 1920.8.16~1922.11.24：朝鮮軍司令官 　　　　　　＊間島虐殺を主導
福田雅太郎 (1866~1932)	関東戒厳司令官 (1923.9.3~9.20) 軍事参議官 陸軍大将	日清戦争時：第1師団副官 日露戦争時：第1軍参謀・作戦主任 1911.3~　　：朝鮮臨時派遣、歩兵第53連隊長 シベリア出兵時：第5師団臨時派遣、師団長 1921.5.4~1923.8.6：台湾軍司令官 ＊「大杉事件」後に関東戒厳司令官から免官
山梨半蔵 (1864~1944)	関東戒厳司令官 (1923.9.20~11.16)	日清戦争時：歩兵第4旅団副官／ 　　　　　　歩兵第5連隊中隊長… 日露戦争時：第2軍参謀 3.1独立運動時：陸軍次官（1918~1921年） 1921~1923年：陸軍大臣
阿部信行 (1875~1953)	関東戒厳司令部参謀長 (1923.9.3~11.16) 陸軍少将	日露戦争時：出征 シベリア出兵時：シベリア出兵軍参謀長
石光真臣 (1870~1937)	東京衛戍司令官代理 南部警備司令官 陸軍中将・第1師団長	日露戦争時：第10連隊・大隊長、旅順要塞参謀 3・1独立運動時：日本憲兵司令官 　　　　　　（1918.6~1919.9） ＊1921年以降、朝鮮人の満州移住事業に関係
田中義一 (1864~1929)	陸軍大臣	日清戦争参戦 日露戦争時：満州軍参謀 3.1独立運動時：陸軍大臣（1918~1921年）
水野錬太郎 (1868~1949)	内務大臣 臨時内閣首相	寺内正毅内閣時の内務大臣 ＊内務大臣在任中に米騒動が発生した際、 　戒厳令を発令せず 1919.8~1922.6：朝鮮総督府政務総監
赤池濃 (1879~1945)	警視総監	1919.9~1922.6：朝鮮総督府警務局長

出典：愼蒼宇「日本の朝鮮植民地支配と朝鮮人虐殺——義兵戦争・シベリア・三一独立運動から関東大震災へ」『朝鮮大学校学報』29号、2019年6月など。

殺に繰り出しましたが、そこに参加した日本人労働者も、国家にだまされて、急に人が変ったように、朝鮮人労働者にとび口や刀を向けたわけではありません。植民地の民を安くこき使う日本の企業と、そこで働く日本人労働者のなかには、すでに19世紀末から朝鮮人労働者を差別・虐待したケースがみられましたし、植民地支配下で在日朝鮮人が急増していくなか、そうした仕打ちは強まっていました（→Q2）。

　関東大震災時に日本人労働者が朝鮮人虐殺に加担したのは、第1次世界大戦後の恐慌のなかで「被差別低賃金労働者」として多く雇われる朝鮮人労働者を、自らの職を奪う存在として見るようになったことも背景にあるといわれます。そうしたまなざしには、これまでみた、従軍経験でつちかわれてきた朝鮮人敵視、日本の土建会社などで蓄積されてきた朝鮮人労働者への差別・虐待、そして3・1独立運動後に日本社会に急速にひろまった「不逞鮮人」観が重なりながら作用したといえるでしょう。

　このように、虐殺した側の歴史をひもとくと、関東大震災朝鮮人虐殺とは、災害下で急に発生したものではないことがわかります。その歴史的背景には、日本の朝鮮侵略と植民地支配がありました。虐殺・迫害は文字通り「連続」していたのです。

参考文献——

姜徳相「「韓国併合」百年と日本の進路——くり返された朝鮮の抵抗と日本軍の
　　弾圧・虐殺」『前衛』854号、2010年3月

愼蒼宇「日本近代史の「不在」を問う——朝鮮植民地（征服／防衛）戦争から
　　みた官民の「暴徒膺懲」経験」『歴史学研究』増刊号（989号）、続文堂出
　　版、2019年10月

———「日本の朝鮮植民地支配と朝鮮人虐殺——義兵戦争・シベリア戦争・三
　　一独立運動から関東大震災へ」『記録集　関東大震災95周年朝鮮人虐殺
　　犠牲者追悼シンポジウム　関東大震災時の朝鮮人大虐殺と植民地支配

責任』朝鮮大学校朝鮮問題研究センター、2019年

Q2 関東大震災当時、なぜ朝鮮人は日本にいたの？
—— 虐殺された側の歴史

　虐殺された側の歴史も、そのはじまりは朝鮮侵略にありました。

　日本軍の支援をうけた鹿島組・大倉組などの日本の土建会社は、朝鮮侵略のための鉄道を敷くために朝鮮人を使役しました。その経験をもとに日本での炭鉱や鉄道の工事にも朝鮮人を利用していきます。そうした最も早い雇い入れの一例として、日清戦争後の佐賀県（長者炭鉱）や福岡県（下山田炭鉱）があり、日露戦争後には鉄道工事も増え、雇用先も九州から山陰、近畿へと拡大（肥薩線工事や山陰線工事）していきました。

　こうして朝鮮人の渡日は日本の朝鮮侵略とともに始まり、1910年の「韓国併合」以後はその数も増加していきます。植民地統治機関である朝鮮総督府がおこなった1910年代の「土地調査事業」、1920年代以降の「産米増殖計画」は、当時人口の8割を占めていた朝鮮農民たちの生活基盤を崩壊させ、人々を土地から引きはがし、困窮させました。

　そうした農民の一部は、労働力不足が生じていた日本の産業に吸収されていきました。総督府が土地を奪うことで農民を朝鮮の外に押し出す力と、安価な労働力を雇おうとする日本企業のひっぱる力があわさり、在日朝鮮人が形成されていったのです。

　日本の内務省は、渡日してくる朝鮮人を「治安対象」として監視しました。名簿を登録し、誰が朝鮮人なのかを識別するための資料まで作成しています。こうした警察側の資料は、関東大震災時に「不逞鮮人」を探すために活用されたといわれます。

　それでは関東大震災当時、どれほどの在日朝鮮人がいたのでしょうか。内務省の調べによれば、1923年12月末現在の数は80,415人とされています【図1】。

　当時の在日朝鮮人は大きく、労働者と留学生に分けられます。

　労働者のうち、男性は土建と炭鉱、女性は紡績業が主な労働先でした。危険で汚く過酷な現場で長時間労働をさせられ、日本人より低い賃金で酷使されました。そうしたなかで大震災前年の1922年夏には、新潟県中津川に建設中の水力発電所の工事現場で、日常的にリンチされていた朝鮮人労働者が雇用主らによって殴打・射殺される虐殺事件が起きました。当時の真相調査のなかで、警察も関わっていたことが明らかになっています。

　在日朝鮮人は労働者が大半でしたが、留学生も1923年5、6月頃の東京には2,300人ほどいました。留学生たちは在東京朝鮮留学生学友会という学生団体に集い、1919年の2・8独立宣言書の発表で3・1独

図1　在日朝鮮人人口の推移

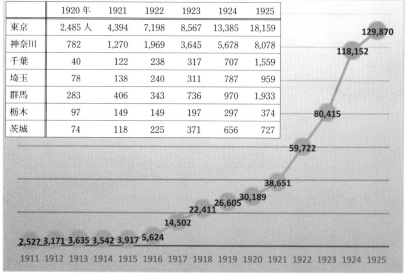

	1920年	1921	1922	1923	1924	1925
東京	2,485人	4,394	7,198	8,567	13,385	18,159
神奈川	782	1,270	1,969	3,645	5,678	8,078
千葉	40	122	238	317	707	1,559
埼玉	78	138	240	311	787	959
群馬	283	406	343	736	970	1,933
栃木	97	149	149	197	297	374
茨城	74	118	225	371	656	727

出典：グラフは森田芳夫『数字が語る在日韓国・朝鮮人の歴史』（明石書店、1996年）、表は田村紀之「植民地期『内地』在住朝鮮人人口」（『経済と経済学』52号、1983年）。

立運動にも影響を与えるよう
な運動を展開しました。しかし、
独立をうたった宣言を作成、印
刷、送付したとして、拘束され、
不当にも有罪判決を受けまし
た。

　大震災前年の 1922 年は、社
会主義を研究・啓蒙する思想
団体 (北星会など)、相互扶助を
目的とする労働団体 (東京朝鮮
労働同盟会など) がつくられて
いき、そうした学生と労働者が
ともに手をたずさえて運動を
おこしていった時期でもあり
ました。また、中津川朝鮮人虐
殺事件の調査活動には日本人
の社会主義者や労働運動家も
協力しました。

福岡・飯塚炭鉱での労働
(朝鮮総督府編『朝鮮の人口現象』1927 年)

中津川朝鮮人虐殺事件
(『読売新聞』1922 年 7 月 29 日付)

　こうして盛り上がりをみせていく在日朝鮮人運動を、官憲は目を光
らせて監視しました。とくに、日本の労働組合の全国中央組織である日
本労働総同盟が主催した 1923 年 5 月のメーデーでは、その準備段階
で「植民地の解放」のスローガンも掲げられることが決められたため、
警察は日朝「連帯」に強い危機感をおぼえ、弾圧を強く加えています。

　侵略と植民地支配によって渡日と過酷な労働を強いられ、権力の介
入や民衆の暴力を受けながらも、それに抵抗する運動を発展させてい
った在日朝鮮人は、関東大震災下でさらなる暴力をこうむることにな
ります。

参考文献──

梶村秀樹「定住外国人としての在日朝鮮人」『梶村秀樹著作集　第6巻　在日朝鮮人論』明石書店、1993年

小松裕ほか編『「韓国併合」前の在日朝鮮人』明石書店、1994年

鄭栄桓「在日朝鮮人の形成と「関東大虐殺」」趙景達編『植民地朝鮮──その現実と解放への道』東京堂出版、2011年

虐殺の発生とその責任

Q3　朝鮮人に対する大虐殺はどのように始まったの？
——戒厳令と流言の国家責任

　朝鮮人虐殺について、一般書や教科書、各地の碑文などには「震災の混乱の中で起こった」と記されていることが少なくありません。しかし、関東大震災時の朝鮮人虐殺は、それまでの虐殺・迫害の「連続」のなかで起こったものであり（☞Q1・Q2）、また、比較的に震災の被害が少なかった地域でも虐殺が発生したことを考えると、そうした記述は正しくありません。なによりも、責任の所在がうやむやになってしまいます。ここでは、虐殺の国家責任はどこにあるのかという観点から、虐殺の始まりをみていきましょう。

　関東大震災時の虐殺の契機となったのは、流言飛語と戒厳令です。

　9月1日の夕方には「朝鮮人が暴動を起こしている」といったたぐいの流言が発生し、そうしたなかで日本政府は戒厳令を各地に発布しました。デマの発生源（政府から出たのか、民衆から出たのか、あるいは双方から出たのか）についてはいまだ明らかになっていませんが、戒厳令はデマが「事実」であるということを人々に信じこませる役割を果たしました。全国各地の新聞社も、朝鮮人が各地で日本人を襲撃しているといった根拠のない記事をたれ流しました。

戒厳令条文
（松尾章一監修『関東大震災　政府陸海軍関係史料Ⅰ政府・戒厳令関係史料』日本経済評論社、1997年）

　それでは、日本政府はなぜ戒厳令をだしたのでしょうか。

　戒厳令とは、軍隊が権力を掌握することです。「敵」からの攻撃に対処し、鎮圧するために、行政権などの執行を停止させ、軍が人々の生活を左右できるのです。しかしそうした戒厳令は、戦時または内乱という事態の時にしか発令されません。

　逆にいうと、日本政府はそのような「事態」が起こると「予断」しました。かれらが恐れていたものは、震災と火災によって被害にあった人々の不満がつのり、それが米騒動（1918年）のような運動となって、政府に向けられないかといったものであり、さらには日本人社会主義者と「独立をたくらむ」朝鮮人とが「共謀」するのではないかというものでした。

　関東大震災前夜に日朝の「連帯」の芽があらわれていたことは確かですが（☞Q2）、なぜそこまでの危機意識をもったのでしょうか。

　それは当時、国の治安を担当する要人が、植民地支配を指揮した人物だったからです（☞Q1）。かれらは3・1独立運動を通じて支配に反対する朝鮮人の抵抗とその精神を目の当たりにしており、それを軍事力・警察力をもって弾圧してきました。水野錬太郎は米騒動のときの内務大臣でしたが、その時は戒厳令をだしておらず、その後、総督府の官僚に就くなかで独立運動に「恐怖」を感じていきました。

　そうした「朝鮮人暴動」（実際には植民地支配に抗する朝鮮独立運動）への記憶が新しい治安当局は、今回もまた、軍事力・警察力を動員しようと考えたのです。そこで、実際には起きてもいない「朝鮮人の放火、暴動」という流言を名目に、「戦時または内乱」状態にあるというフィクションを作り出し、戒厳令を発布するに至りました。

　戒厳令発布までの流れを確認しておきましょう。関東大震災が起きた直後の午後2時頃に、警視総監の赤池濃は、警保局長の後藤文夫と内務大臣の水野錬太郎に戒厳令の必要性を申し立てています。これを受けて水野は、その日の夜中に施行を決断し、翌2日の午前に閣議決定を

経て、枢密院にはかることなく緊急勅令という形で発布します。法的な手続きをしっかりふまずに、いかに急いでいたのかがわかります。

そして、2日午後には東京市と東京府下の5つの郡に、翌3日には東京府全域と神奈川県に、4日には埼玉県、千葉県にも拡大適用していきました。

戒厳令下の軍隊はどのよう

軍隊による朝鮮人虐殺—橋の上
(姜徳相・琴秉洞『現代史資料6 関東大震災と朝鮮人』みすず書房、1963年)

な行為におよんだのでしょうか。いくつか例をみてみましょう。

千葉・市川にいた野戦重砲兵旅団第1連隊の第4救援隊・岩波隊は、2日午前に東京・小松川に到着し、朝鮮人労働者200人を虐殺しています。また、習志野騎兵連隊につとめていた越中谷利一の日記には、9月2日の昼に「敵は帝都にあり」として実弾60発をもち、東京・亀戸に向かったこと、午後2時から避難民がごったがえすなかで列車から朝鮮人を引きずりおろして虐殺したこと、夕方から夜にかけては本格的な「朝鮮人狩り」をやりだしたことが記されています。こうして、植民地戦争以来、派兵経験をもつ日本の師団らは、関東大震災時にも朝鮮人を「敵」とみなして虐殺を行ったのです。その間、警察は朝鮮人を殺しても構わないとふれ回わりました。

こうした戒厳令とともに、内務省は千葉・船橋にあった海軍の無線送信所から全国の地方長官あてに、戒厳令を出したから朝鮮人を厳重に取り締まれという電報を送りました。朝鮮人虐殺を国家権力が主導したことがよくわかります。

この流れのなか、自警団が急造されていきます。東京と横浜では戒厳司令部が、在郷軍人会・青年団・消防団のみならず、一般人も参加させ

「自衛」するよう伝達しました。埼玉では、県内務省の指示にもとづいて県内務部長・香坂昌康が各町村に、「不逞鮮人の盲動」があるから在郷軍人分会、消防隊、青年団とともに警戒し「適当な方策」をとるよう命令しました。

　このように朝鮮人が暴動をおこしたという流言が「事実」として伝えられることになり、各地で自警団がたくさん結成され、虐殺が拡大していきました（☛Q4）。国家が主導し民衆が加担した朝鮮人ジェノサイドです。戒厳令を施行して軍隊と警察に虐殺を主導させ、また各地への電報を通じてデマを「事実」化し、自警団の結成まで指示をした国家の責任は免れえません。

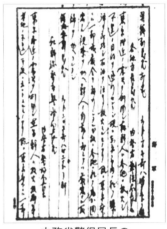

内務省警保局長の
各地方長官宛て電文
（琴秉洞編・解説『朝鮮人虐殺関
連官庁史料』緑蔭書房、1991 年）

参考文献——

姜徳相『新版　関東大震災——虐殺の記憶』青丘文化社、2003年

———「虐殺再考、戒厳令なかりせば」関東大震災85周年シンポジウム実行委員会編『震災・戒厳令・虐殺——関東大震災85周年朝鮮人犠牲者追悼シンポジウム：事件の真相糾明と被害者の名誉回復を求めて』三一書房、2008年

山田昭次『関東大震災時の朝鮮人虐殺とその後——虐殺の国家責任と民衆責任』創史社、2011年

———『関東大震災時の朝鮮人迫害——全国各地での流言と朝鮮人虐待』創史社、2014年

Q4　各地での虐殺はどのように展開されたの？
——虐殺と民衆責任

東京都——

1日夜	旧四ツ木橋など一部で朝鮮人虐殺が始まる
2日	小松川で野戦重砲兵第1連隊（岩波隊）による朝鮮人虐殺
	〜4日にかけて各地域で軍隊と自警団による朝鮮人虐殺
3日15時頃	大島町で中国人虐殺
4日	亀戸警察署内で虐殺

　東京の朝鮮人虐殺はあまり解明されていません。それは政府が隠ぺいしてきたからです。しかし、虐殺の目撃者の証言や手記が多く残っています。そこから分かることは、震災が起こった1日から虐殺が始まったということ、虐殺が広範囲にわたって起こったということ、またいくつかの場所に集中していたということです。

　現墨田区・八広にあった旧四ツ木橋付近では荒川放水路開削工事がなされ、この地域には朝鮮人労働者が多く住んでいました。震災時には、火災から逃れた多くの人々が避難していました。そこへ流言飛語が伝わり、自警団による虐殺が開始されたのです。

　日本人目撃者の証言です。

　「(旧四ツ木橋の土手近くで) その原っぱに一晩いた

武装し警戒する自警団

とき、朝鮮人騒ぎで大変だったんだ。「男の人たちはハチマキ、皆出ろ」とね。……あくる日、土手に行くとおまわりが立っていた。殺された朝鮮人はずいぶんいた。20〜30人ほども殺されていただろうか。殺したのは一般の人だった。鉄砲のある人は鉄砲、刀のある人は刀を持っていたから。」(富山(仮名))

　また、軍隊による虐殺も起こりました。朝鮮人の死体を埋める穴を掘った日本人の証言です。

「荒川駅(現八広駅)の南の土手に、連れてきた朝鮮人を川のほうに向かせて並べ、兵隊が機関銃で撃ちました。撃たれると土手を外野のほうへ転がり落ちるんですね。でも転がり落ちない人もいました。何人殺したでしょう。ずいぶん殺したですよ。私は穴を掘らされました。あとで石油をかけて焼いて埋めたんです。よく焼けないままでした。それに他から集めてきたのもいっしょに埋めたんです。」(井伊(仮名))

1982年に旧四ツ木橋付近で行なわれた遺骨の試掘
(裵昭『写真報告　関東大震災朝鮮人虐殺』影書房、1988年)

　軍隊による虐殺が、朝鮮人への殺意を芽生えさせ虐殺に至った事件も起きました。荒川放水路沿いにあった南綾瀬村(現足立区南部)で起こった虐殺です。当時、この地域には4軒長屋が土木労働者の飯場になっていましたが、その長屋の1つに9人の朝鮮人が居住していました。3日夜、朝鮮人が居住する長屋を自警団ら150人が襲撃し、中にいた9人の

うち7人を殺害したのです。被告人に対する調書によれば、虐殺に加わ
ることになったきっかけは、朝鮮人が爆弾を投げたり放火したりした
ために、四ツ木橋のほうで軍隊が殺したという話を聞いて、自分も村民
や避難民のために朝鮮人に立ち向かおうと決心したことだと述べてい
ます。このことから軍隊による虐殺が自警団の虐殺と深く関わってい
たことが分かります。

神奈川県——

2日	横浜およびその周辺で朝鮮人虐殺
	高島町、神奈川、横浜港で中国人虐殺
3日	朝鮮人、中国人虐殺多数
4日	鶴見で自警団による朝鮮人虐殺

　神奈川県では、震災後、警察が刊行した記録に、流言については書か
れているものの、朝鮮人虐殺についての具体的な記述はありません。そ
のため、横浜市とその周辺での虐殺の詳細についてほとんどわかって
いません。しかし数少ない証言や子どもたちが書いた作文から、1日の
夜から流言が広がり、虐殺が行われたことが分かってきました。

　　「おまわりさんが朝鮮がはものを持ってくるから来たら殺してく

ださいといっていまし
た。」(南吉田小、猪田勇作)

　この作文から、警察の指示に
よって民衆が朝鮮人虐殺を行
っていたことが推測できます。
また朝鮮人が虐殺されたとこ
ろを目撃した子どもの証言も

横浜・中村橋

あります。

　「中村橋の所へ行くと大勢居るから行って見ると鮮人^{ママ}がぶたれて
居た。こんどは川の中へ投げ込んだ。すると浴いだ日本人がどんど
ん追いかけて来て両岸から一人ずつ跳込んでとび口で頭をつつと
したら、とうとう死んでしまった。其れから家にかへって見た。す
ると鮮人^{ママ}がころされて居るといふので見に行ったら頭に十箇所ぐ
らい切られて居た。又くびの所が一寸ぐらいで落ちる。」(南吉田第
2小、小6、瀬川一男)

　こうした恐ろしい光景が神奈川県内のあちこちで見られました。神
奈川県で虐殺死体が多数発見されているのは、神奈川鉄橋(青木橋500
人)、子安〜神奈川停留所(150人)、御殿町(40人)です。

千葉県——

3日23時	北総鉄道建設労働者1人を虐殺、船橋警察署前で15人を殺傷
4日11時	船橋警察署付近で民衆が10数人を殺傷
16時頃	船橋町九日市避病院前で民衆が3人を虐殺 九日市で民衆が38人を虐殺
夜	東葛飾郡中山村若宮で民衆が13人を虐殺
5日正午	東葛飾郡中山村若宮で民衆が3人を虐殺
7〜9日	陸軍習志野収容所より朝鮮人を近隣の村に「払い下げ」、民衆が虐殺 収容所内でも憲兵などが朝鮮人を「選別」し虐殺

▶船橋

　船橋では避難民から流言が広りました。また自警団の証言によれば、

海軍船橋送信所の所長が、「浦安、行徳に 600 人の不逞鮮人が来るから今夜警戒をたのむと銃を渡し、二声かけて返事がなければ撃ってもいいと言った」といいます。船橋周辺には、船橋と柏をつなぐ北総鉄道（現東武野田線）建設工事で働く朝鮮人労働者の飯場があったこととも重なり、こうした所長の言動が地域の民衆の不安と憎悪をかきたてました。

　船橋警察署前、木下街道北方十字路近く、九日市避病院近くなどで自警団による虐殺が起こっています。4 日昼、鎌ケ谷の粟野の自警団が針金でつないだ朝鮮人の集団を連れて船橋送信所に引渡そうとしました。しかし船橋送信所ではこれを受け取ってもらえず、警備の騎兵がついて船橋警察署へ向かいました。船橋の九日市の天沼近くまで来ると、自警団を中心とする群衆に取り囲まれ、「渡せ、渡せ」と騒ぎになり、結局、朝鮮人たちは自警団などに虐殺されました。

▶習志野収容所

　習志野収容所では「保護」収容した朝鮮人を、憲兵が調査し、より分けて、収容所から連れ出し虐殺しました。収容所を管理していた騎兵連隊の元軍人は、「連隊にひっぱりだして、調査して切っちゃったんです」と証言しており、その場所は現在の京成線大久保駅近くの大久保公民館の裏の墓地だったといいます。また、「思想のおかしいやつは憲兵が聞き込んで、引っぱり上げて営倉に入れ、間諜・スパイを入れて懲罰をくわえた」と、憲兵の関与も証言しています。

▶高津・なぎの原

　習志野収容所では軍隊が「選別」して虐殺を行っただけでなく、周辺の自警団

6 人が虐殺され埋められた
高津・なぎの原

や民衆に「取りに来い」と命じて朝鮮人を渡し、殺させています。

　証言によると、7日午後4時頃、「バラック（習志野収容所となった高津厩舎）から鮮人を呉れるから取りに来い」と知らせがあり、「15人貰ってきて各区に配当し」、この地区では3人を引き受けたといいます。さらに、8日に2人、9日に1人、この地区では6人の朝鮮人を「なぎの原」と呼んでいた共有地で、殺して埋めたのです。

埼玉県——

3日夜	深谷駅で民衆が1人を虐殺
4日2時	大宮で民衆が虐殺（姜大興〈カン デ フン〉）
日中〜夜	熊谷、本庄、神保原で警察「護送」の朝鮮人たちを自警団が虐殺
5日夕刻	児玉で民衆による虐殺
22時	寄居で自警団が警察署を襲い虐殺（具学永〈ク ハ ギョン〉）

▶北足立郡片柳村染谷（現さいたま市見沼区染谷）

　4日未明、片柳村染谷で朝鮮人青年・姜大興（24歳）が、村の自警団員たちによって殺されました。同日午前3時か4時頃に村に迷い込んだ姜は、日本刀や槍で武装して警戒にあたっていた自警団員と出くわし、即座に「不逞鮮人」とみなされ追撃されます。そして村の八雲耕地のサツマイモ畑の中を転びながら逃げるところを大勢に、胸、肩、額、腕、後頭部などをメッタ刺しにされて殺されました。

▶熊谷

　熊谷に流言が伝わったのは3日頃でした。4日、吹上方面から「護送」された朝鮮人が、吹上と久下村の境で逃げ出しましたが、とび口でおそわれました。久下村で一時休止した際、小型トラック4、5台に約半数近い朝鮮人が乗せられて熊谷方面へ向かいました。残った朝鮮人は歩いて熊谷に向かいましたが、土手で休憩した時、1人が逃げ出し、荒川

に飛びこみました。すぐに引き寄せられ、つるはしを打ち込まれました。土手を下って、久下神社のところで4、5人が逃げ出して、いずれも殺されてしまいました。久下村から佐谷田村に引き継がれるところで、小型トラック2台に何人かが乗せられて熊谷方面に向かいました。佐谷田村では1人が逃げ出しましたが、打ち殺されました。残った50〜60人の朝鮮人は綱につながれて佐谷田村から旧熊谷町に引き継がれ熊谷中心部に向かいました。その時、群衆が武器をもって押し寄せ、襲いかかり、20〜30人が殺され、残された朝鮮人は数珠つなぎの状態で筑波町に入りここでも何人か殺され、さらに警察署付近で16人が殺されました。生き残った朝鮮人は結局、熊谷寺でみな殺されてしまいました。

　獲物を奪い合うがごとく「こっちによこせ」だとか、「こんな時斬ってみなければ、日本刀の切れ味がわからない」といって斬った者もいました。熊谷寺では、1人を30〜40人が取り囲み、「東京でおまえは悪いことをやったろ」といって襲いかかり、1人を殺すたびに「わあー、わあー」「万歳、万歳」と喚声を上げたといいます。

　現熊谷市の範囲で確認できる犠牲者数は57人です。

▶神保原

　4日午後、本庄警察署に集められていた朝鮮人を警官がトラックに乗せて、群馬県を目指して出発しました。県境の神流川の河原に到着して、群馬側に引渡そうとしましたが引継を拒否され、群衆が騒ぎ、暴行を加える者も出てきたので、賀美村の消防団長が説得して村役場に収容しました。さらに朝鮮人数十人を乗せた3台のトラックがやって来ましたが、群衆が騒ぎ出したため、引き返して神保原の郵便局の

旧神保原郵便局
（上里町立郷土資料館提供）

所まで来たときに、郵便局に到着した朝鮮人を、自警団や群衆がトラックを止めて襲いかかり、多数の犠牲者を出しました。本庄警察署の署長などがトラックの上から止めるよう呼びかけましたが、群衆を抑えることは出来ませんでした。

　その日、群衆は真夜中までかかって、ほとんどの朝鮮人を撲殺してしまいました。朝鮮人は全く抵抗できず伏せているのみで、ただ苦し紛れにトラックから飛び降り、道の端にうずくまったものがいたくらいでした。子どもを抱いた母親や妊婦も、言語をはばかるような残忍な状態で殺されています。死にきれず翌朝、息を吹き返した何人も、この虐殺が朝鮮に伝わり仕返しされることを恐れた群衆によってその場で殺されてしまいました。

　この地域で犠牲になった数は賀美村3人　神保原39人　計42人です。

▶本庄

　4日の夜、神保原で襲われ、ようやく難を逃れたトラックが本庄署へたどり着きました。そのあと、何台かのトラックが先発のトラックの難を知って引き返してきました。それを見た群衆が朝鮮人に襲いかかりました。本庄警察の署長や署員が群衆を説得しようとしましたが失敗しました。

　日本刀、とび口、棍棒などを持った群衆はまさに暴徒と化して暴れまわり、トラックに乗っていた朝鮮人をことごとく虐殺しました。さらに警察署の演武場に収容されていた朝鮮人（43人）を発見してなだれ込み、親の見ている前で子どもの首をはねたり、生きている朝鮮人の腕をのこぎりで引いたりして、ことごとく殺してしまったといいます。当時これを目撃していた新井巡査は、口では言い表せないような残虐極まりないもので、1人や2人の巡査ではとうてい手出しできなかったと証言しています。

　本庄では、警察署の構内で虐殺された86人を含め、88人が犠牲にな

りました。

▶寄居

　寄居町で飴を売っていた具学永は、不安を感じて5日昼過ぎに寄居警察署に保護を求めました。ところが群衆が、あの朝鮮人は「不逞鮮人」の一味だと警察署に押しかけてきたので、具は留置場の中に逃げ込みました。群衆は鉄格子の間から竹やりやとび口を突っ込み、倒れるまでいためつけ、さらにとび口でひっかけて玄関先まで引きずりだして止めを刺しました。この時、具は留置場の壁にあったポスターの裏に、自分の血で「日本人罪無キヲ罰ス」と書きました。

▶児玉

　児玉では3日頃に流言が伝えられ、役場から警戒を訴える回覧が回されます。そして消防組が主体となって児玉警察署の前に検問所が設けられ、「怪しい者」の取り調べが始まりました。5日の夕刻、避難者の中に労働者風のひどい身なりの男がいました。尋問しても何を言っているかわからず、朝鮮帰りの人が来て朝鮮語で話しかけると何か答えたといいます。すると話しかけた人が「これは朝鮮人に間違いない」と叫びました。それを聞いた群衆の1人がいきなりその人の頭を木刀で殴りつけると、他の群衆が棒や竹やりで襲いかかり惨殺してしまいました。

群馬県——

4日朝	高崎市倉賀野町で民衆が1人を虐殺
5日未明	藤岡警察署内で民衆が16人を虐殺
6日	藤岡警察署内で民衆が1人を虐殺

　群馬県は、東京や神奈川に比べて震災被害が少ない地域でした。東京方面から避難者が埼玉県、群馬県に移動してくる中で、「東京では不逞鮮人が火を放ち、爆弾を投げ、井戸に毒を入れている」という噂が急速

に広まるなか、虐殺がはじまりました。

▶藤岡市

　5日未明、藤岡では17人の朝鮮人が、民衆によって虐殺されました。藤岡警察署は砂利採取や行商などをしていた朝鮮人を、「保護」の名目で藤岡警察署の留置所に拘留していました。そのことを知った周辺の民衆約2,000人が、夕方「朝鮮人を出せ」「朝鮮人を殺せ」と叫びながら警察署を襲い、竹やり、棍棒、日本刀、猟銃などで朝鮮人16人を惨殺しました。翌6日には、新たに拘留された1人が、集まった約1,000人の暴徒によって殺害されました。

高崎・倉賀野で虐殺された
朝鮮人の地蔵尊像
（九品寺）

▶高崎市倉賀野町

　4日朝、倉賀野巡査駐在所に「保護」中の20歳くらいの朝鮮人青年1人が、民衆によって近くの道路上で日本刀や石塊などで殴打され、殺害されました。

栃木県——

3日	東北本線間々田駅で2人、小金井駅で1人、石橋駅で2人を自警団が虐殺
5日	東那須野駅で1人を自警団が虐殺

　栃木県には、2日から避難民が殺到し始めました。そして4日付の『下野新聞』には「不逞鮮人各所に潜入危険極まりなく警備隊は軍隊と共同逮捕に努む」、「大森方面に於て不逞鮮人隊と我歩兵小隊と戦闘開

始」、「宮（宇都宮）に不逞朝鮮人潜入説夕刻迄怪鮮人4名引致又罹災民
続々入込在郷軍人全部召集警備」という見出しの記事が出ました。

▶下都賀郡間々田駅、小金井駅、石橋駅

　3日、東北本線間々田駅で、警戒中の自警団員が下り列車の中にいた
朝鮮人2人を引きずり降ろして暴行を加えようとしたところ、駅長と
警官に制止されました。しかし自警団員はそれを振り切り、構内広場に
連れて行き虐殺しました。同日、小金井駅でも金元達が列車から引きず
り降ろされ殺害され、黄鐘均（ファンジョンギュン）が重傷を負う事件が起こりました。さ
らに同じ日、石橋駅でも、自警団員が到着した列車内から朝鮮人2人を
見つけ出し、引きずり降ろして傷害を加え、2人とも死亡する事件が起
こっています。

▶東那須野駅

　5日、東那須野駅で、下り列車から降りてきた馬達出（マダルチュル）と同行者と見ら
れた鹿児島県出身の日本人1人が自警団によって撲殺されました。

　昨今、ヘイトスピーチ・ヘイトクライ
ムがひろがりをみせ、関東大震災時の虐
殺の事実を改めて知ろうとする動きが
みられるなか、震災当時のように国家に
だまされてはならないという「教訓」を
強調する向きがあります。またそうした
考え方は、一部、国家責任を追及する日
本の運動のなかでもみられてきた認識
です。

　たしかに、戒厳令の発布とそれにとも
なう軍隊・警察による朝鮮人虐殺の主
導は、日本人民衆をして、「敵」は朝鮮人
であるという認識を確固たるものにし

栃木・東那須野で虐殺された
馬達出の墓
（那須塩原西地区共同墓地）

ました。そうした国家責任は言うまでもありませんが、民衆は単にだまされて虐殺を行ったのではなく、各地での事例にみられるように、むしろ国家と一体となって虐殺を展開したといえるでしょう。

　それまでも、近代日本の朝鮮侵略のなかで、雇用主と日本人労働者による朝鮮人労働者の差別・虐待はくりかえされており、3・1独立運動後には一層「不逞鮮人」観がひろまっていました（☞Q2）。そうしたなかで関東大震災時には、日本の対外侵略に従軍した在郷軍人を核心メンバーとした自警団が朝鮮人を虐殺し、また自警団に入っていなくても、群衆は、道ばたで、汽車のなかで、警察署で、朝鮮人を襲いました。植民地支配のなかで強まっていった国家と民衆による虐殺・虐待が関東大震災時に「連続」したのです。

　国家責任と分離できない、民衆による虐殺とその責任をあわせて問うていく必要があります。

参考文献——

千葉県における関東大震災と朝鮮人犠牲者追悼・調査実行委員会編『いわれなく殺された人びと——関東大震災と朝鮮人』青木書店、1983年

関東大震災六十周年朝鮮人犠牲者調査追悼事業実行委員会編『増補保存版　かくされていた歴史——関東大震災と埼玉の朝鮮人虐殺事件』日朝協会埼玉県連合会、1987年

「在日朝鮮人歴史・人権週間」実行委員会編『2008在日朝鮮人歴史・人権週間』リーフレット、2008年

「企画展示　関東大震災時の朝鮮人虐殺と国家・民衆」実行委員会、在日韓人歴史資料館共編『「関東大震災時の朝鮮人虐殺と国家・民衆」資料と解説——在日韓人歴史資料館　第7回企画展』2010年

ほうせんか編『増補新版　風よ鳳仙花の歌をはこべ——関東大震災・朝鮮人虐殺・追悼のメモランダム』ころから、2021年

Q5　中国人と一部日本人への虐殺はどのように発生したの？

　「朝鮮人暴動」の流言をもとに発布された戒厳令（☞Q3）下で、中国人と一部日本人も虐殺される事件が起こりました。

　中国人は、東京の大島町と神奈川の横浜で集団的に虐殺されています。また、王希天のように労働運動に携わっていた中国人が狙いうちされた事件も起こりました。なぜこうした虐殺がおきたのでしょうか。当時、渡日する中国人労働者が多く、日本人のブローカー、労働者との間で仕事や賃金をめぐる対立がありましたが、その根はもっと深いところにありました。

　中国人は、「韓国併合」後の1916年まで日本における最大の外国人集団でした。そうした中国人への差別と迫害は、とりわけ日清戦争後の台湾植民地支配と中国への排外主義が高まるなかで強まっていきました。それは第1次大戦を契機に多く渡日してきた中国人の労働者と留学生に対するまなざしへとつながっていきます。

　また、中国では日本政府の袁世凱政権にたいする「21カ条の要求」を契機に反日闘争が活発化し、日本では中国人留学生が主権侵害への抗議を担ったこともあって、中国人にたいする官憲の警戒もきびしいものがありました。そうした背景のもと、中国人労働者および活動家に対する虐殺がおこったと考えられます。

　虐殺は、60数軒の中国人労働者の宿舎があった現在の江東区大島の一帯で始まりました。

　9月3日の朝、大島町8丁目では、軍隊が2人を銃殺し、昼頃には軍隊、警察、青年団らが174人を連れ出し、様々な武器で虐殺しました。午後3時頃にも、野戦重砲兵第1連隊の岩波隊と習志野騎兵第14連隊が約200人を虐殺しました。その他、大島町6丁目、南の新開橋など、大島町から砂町までの広い範囲で虐殺が起きました。

　横浜でも多くの中国人が虐殺されました。

　虐殺された中国人の数は 84 人、負傷者や行方不明者を含めると 108 人になります。虐殺のほとんどは 9 月 2 日と 3 日に行われ、場所は東海道沿いの子安町、神明町、高島町に集中しています。この地域は多数の朝鮮人が虐殺された現場と重なります。調査では、中国人虐殺の加害者が「警察・労働者」と記録され、自警団と警察が一緒に虐殺したこと、また、軍警や水兵、陸軍など軍隊、警察の関与が指摘されています（中華民国政府外交部『日本震災惨殺華僑案（抄档）』1924 年）。被害者の多くは浙江省出身で、行商などで日本に来て労働者になった人々です。上の調査記録では、多くは「誤認」となっており、朝鮮人と間違えての虐殺と中国人をターゲットにした虐殺が重なっていたと考えられます。

　9 月 12 日の早朝には、東京・逆井橋のたもとで留学生の王希天が殺害されました。

　王希天は、中国人の診療や教育、賃金交渉、警察による中国人労働者への強制的な立退きなどの問題解決に取り組んでいた僑日共済会の会長でした。中国人労働者の立場にたって警察や日本人労働ブローカーとの交渉に当たっていたため、警察やブローカーに憎まれていました。震災後、労働者の安否を気づかった王希天は 9 日に大島町に入り、調査をはじめましたが、その日の午後に野戦重砲兵第 7 連隊によって拘束され、将校によって密殺されました。

　一方、日本人の虐殺も派生しました。

　亀戸事件や大杉事件のように、日本人社会主義者・無政府主義者と労働活動家が軍隊に殺された事件と、福田村・田中村事件のように朝鮮人として「誤殺」された事件があります。

　亀戸事件は、9 月 3 日、東京府南葛飾郡で、南葛労働会の川合義虎、北島吉蔵、山岸実司、加藤高寿、近藤広造、吉村光治、佐藤欣治、純労働組合の平沢計七、中筋宇八、たまたま居合わせた鈴木直一ら 10 人が、以前から労働争議で敵対関係にあった亀戸警察署に捕えられ、翌 4 日

から5日にかけて習志野騎兵第13連隊によって刺殺された事件です。同じ4日には警察に反抗的な砂町の自警団員4人も軍隊によって刺殺されました。

　大杉事件は、9月16日、当時名を知られていた無政府主義者の大杉栄が、東京・柏木の自宅近くで妻の伊藤野枝、甥の橘宗一とともに東京憲兵隊本部に連行され、思想が危険だという理由で虐殺された事件です。殺害の実行犯が憲兵大尉甘粕正彦他4人であったことから「甘粕事件」とも呼ばれています。

　朝鮮人と間違えられ虐殺された事件でよく知られているのは福田村・田中村事件です。

　9月6日に、千葉県東葛飾郡福田村三ツ堀で香川県の売薬行商人15人のうち女性と子どもを含む9人が利根川の渡し場で殺害されました。渡し場近くの香取神社で休んでいた一行は、福田村と田中村の自警団に囲まれ、「君が代を歌え」、「「15円50銭」を言ってみろ」など、朝鮮

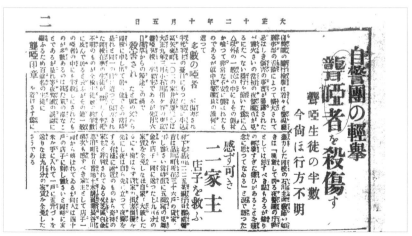

ろう者虐殺の記事
（『二六新報』1923年10月5日付）

人かどうかを確められ、「怪しい者はやってしまえ」と、殺されました。また、自警団によって朝鮮人か否かを問いただす「誰何」がおこなわれるなかで、方言を話す地方出身者と、発声が困難なろう者も虐殺されています。

　近年、「民族」という枠組みをこえて様々な被害とその構造に目を向けなければならないという問題提起がなされています。ただし、ろう者など日本人マイノリティにたいする虐殺の原因が「誤殺」にあったことを考えると、日本帝国主義による他民族支配という構図を相対化することは、むしろそうした被害の根本原因を見失ってしまうことになるでしょう。

参考文献——
仁木ふみ子『震災下の中国人虐殺——中国人労働者と王希天はなぜ殺されたか』青木書店、1993年
「企画展示　関東大震災時の朝鮮人虐殺と国家・民衆」実行委員会、在日韓人歴史資料館共編『「関東大震災時の朝鮮人虐殺と国家・民衆」資料と解説——在日韓人歴史資料館　第7回企画展』2010年
小薗崇明「関東大震災下で虐殺されたろう者とその後のろう教育」『人民の歴史学』194号、東京歴史科学研究会、2012年12月

犠牲者と生存者

Q6　どれほどの朝鮮人が犠牲になったの？

　虐殺による朝鮮人犠牲者については、数千人ないし約6,000人という数が、歴史を否定する書物（☞Q10・11）を例外にして、学術書や一般書でつかわれてきました。約6,000人の根拠となっているのは「在日本関東地方罹災同胞慰問班」の調査です。

　虐殺という事態をうけた在日朝鮮人の学生と宗教人たちは、「慰問班」という名称にすることで当局の許可をえて活動を開始しました。真相調査委員たちは各府県にいき、遺族を訪ねたり、遺体を探すことにつとめました。1923年末には上海大韓民国臨時政府の機関紙を通じて犠牲者数は6,661人であると発表しています（『独立新聞』1923年12月5日付）。

　この数について歴史学者の山田昭次は、各地の犠牲者数や日本人被殺数などに誤りがあること、死体を発見できなかった人数が3,240人（48.7％）に上ること、神奈川県の犠牲者数が同県の推定朝鮮人人口より多いことなどの不備もあるが、警察が真相調査の間に遺体の焼却や引き渡し拒否などの隠ぺい（☞Q9）を図ったために犠牲者数を正確に把握することは困難であったと指摘しています。

　虐殺の隠ぺいと調査の妨害を行った当局側はというと、司法省の調査で233人、内務省の調査では231人と、極端にわい小化して発表しています。ここではとくに警察や軍隊の大量虐殺を含んでいません（ただし、1923年9月6日に外務省が在米大使、在上海総領事などに宛てた内々の電報には、東京や横浜で「殺害せられたるもの数千名に上る見込なり」と記されています）。

　歴史否定論者の工藤美代子、加藤康男は、国家権力による真相調査の

妨害を無視したうえで、犠牲者数が「不正確」な責任を、危険の中で遺族を訪ね同胞の遺体を探すという苦しみに満ちた調査を行った被害者側に押し付けています（☛Q10）。

当時の朝鮮人自身による真相調査で明らかにされた 6,661 人という数は、妨害にあいながらも粘り強く調査して得たものであり、各地でおきた虐殺事件の比較的詳細な犠牲者数を示したことの意義は否定できません。また、虐殺研究をリードしてきた姜徳相が指摘するように、当時の関東の推定朝鮮人人口と検束された数などをあわせて勘案すると、「6,000 名

朝鮮人虐殺犠牲者数の発表
（「大韓民国歴史博物館」HP）

の被害者数の算定はかなり実数に近いもの」と考えてもよいでしょう。いずれにせよ、加害責任を有する日本政府の手によって犠牲者数の究明とその姓名の発表が一日も早く行われなければなりません。

参考文献——

姜徳相『新版　関東大震災——虐殺の記憶』青丘文化社、2003年

山田昭次『関東大震災時の朝鮮人虐殺とその後——虐殺の国家責任と民衆責任』創史社、2011年

Q7　朝鮮人はどのような体験をしたの？

検束による苦痛

　日本の軍隊、警察、民衆による虐殺が行われたなかで、朝鮮人はどのように生きのびたのでしょうか。

　朝鮮人にたいする検束は震災発生直後からはじまり、とくに9月3日から総検束を展開し「不逞鮮人」か否かを「選別」していきました。その過程で、栃木や千葉の収容所や警察署に収容された者はとても多く、そのなかには習志野収容所の朝鮮人のように近隣住民に「払い下げられ」、殺されたケースもありました（☞Q4）。

　寺島警察署に連行された曺仁承（チョウインスン）の体験をみてみましょう。東京では9月1日の15時ごろに流言の発生を確認できます。

　曺は荒川の土手で、同胞十数人と一緒に避難していましたが、そこにやってきた消防団によって「身体検査」をされ、縄で数珠つなぎにしばりつけられたといいます。翌朝、連行される途中で同胞の虐殺と遺体を目の当たりにした曺は、着いた警察署の特高室で名前、本籍地、現住所、職業などを言わされました。曺は極度に生死の不安を感じました。

　その後、多くの同胞たちとともに庭で夜を明かすことになりましたが、そこに、朝鮮人がいると聞いた自警団が襲撃し、同胞たちはいっせいに逃げ出しました。この時、自警団に殺された者、したがわずに逃げ出したとして警察に殺された者もいたと曺は証言しています。とび口で足を刺されながらも、どうにか生きのびた曺は、その後の留置所で、ある朝鮮人夫婦に「ああどうしたら、私達は生きのびる事ができるの

曺仁承
（裵昭『関東大震災朝鮮人虐殺：写真報告』影書房、1988 年）

か」と聞いたところ、生死はわからないと返答されています。

　姜徳相は、検束された朝鮮人は、特高による尋問を受けその「処分」が決まるまで生死のはざまにいたとして、「生命にたいする不安との対決を毎日強要されることくらい大きな精神的残虐行為はない。肉体的苦痛より精神的苦痛で倒れた者も多かった」と指摘しています。

日本人の振り

　つかまらないためには検問を無事に通過する必要がありました。

　しかし、それは非常に困難でした。例えば、当時の証言を通じて少なくない朝鮮人が「日本人の振り」をして生きのびたことがうかがえます。いくつか事例をみてみましょう。

　神奈川の浅野造船所では、100余人の朝鮮人が埋め立て作業をしていましたが、その多くが殺されています。その時、李根栄は日本人の作業責任者・斎藤新次に助けをこい、労働者が着るはんてんから着物に着替え、日本語で話しながら、一緒に検問を通過しています。朝鮮人であることを隠すため、自らが「日本人」であることを証明しなくてはならなかったので、困難が付きまといました。李が着物を着て日本語で話すことにつとめたように、その「証明」においては、かっこうとことばが重要であったと考えられます。

　「「鉢巻をしてみろ」と言って、できれば日本人、できなければ朝鮮人とされた」という方珠源の証言や、また「大変日本語がうまく」、自警団のように「はちまきをし、日本人のような顔をしていたので殺されずに済んだ」者もいたという李鐘応の証言も残っています。

　在日朝鮮人留学生を研究する裵姈美は、労働者に近かった学生＝苦学生も、虐殺の犠牲になったことをふまえつつ、関東大震災があった「時期が夏休みだったため、旅費のある留学生は帰省しており、東京に残った学生たちも学生服を着ていたり、日本語が流暢だった理由」などから、労働者よりは難を逃れられた可能性を指摘しています。

　このように関東大震災の時、自らは攻撃対象ではないということを証明するために、ハチマキをしたり、着物を着たり、日本語で話したり、あるいはわざと話さなかったりと、非常に苦心しながら「日本人」のように振るまわざるをえなかった多くの朝鮮人がいたのです。一方で、日本人の振りをしてどうにか北京に逃げのびた李植は、日本人に「仮装」するも疑われた者は「皆惨殺」されたと証言しています。

「包囲」された朝鮮人

　曹仁承が連行された寺島警察署のケースからも分かるように、自警団に襲撃されるなかで逃亡を図るも警察に見つかり殺されるなど、虐殺から生きのびること自体、困難を極めました。埼玉と群馬の例もみてみましょう。

　朝鮮人が「保護」された埼玉の本庄警察署は、民衆約2,000〜3,000人に囲まれます。国家権力が、流言を「事実」としてひろめ、自警団の結成を指示したなかで（☛Q3・4）、朝鮮人憎悪がたぎる民衆たちが集まってきたのです。

　南廷㴑（ナムジョンリョル）は当時のことをつぎのように証言しています。

> 「四日夜おそくなって多数の自警団が日本刀やトビ口、猟銃などを手に手にもって本庄警察署を襲撃してきました。署長もずいぶん悪いことをしてきた男なので恐ろしくなり逃げてしまい他の警官達も逃げて、署の中には私たち同胞だけが残されました。自警団は収容されていた同胞を警察署の庭に引き摺り出して槍で突くやら日本刀で切るやらあらゆる惨酷な方法で同胞たちを虐殺しました。」

　南は、「同胞の悲鳴は私を恐怖のどん底につきおと」し、「二階の隅の方に身をかがめて、わなわなとふるえてい」たが、「今にも二階にかけ

上がってくるような気がしてなりませんでした。あとでは余りの事態
に殆んど失神したような状態でいました」と恐怖ながらに振り返って
います。

　日本民衆に「包囲」されるなかで全く動くことが出来ず、次々と殺さ
れる朝鮮人の悲鳴に恐怖しながら「殆んど失神したような状態」にあっ
た南は、虐殺事件後、自警団が裁判にかけられる中にあっても工場から
全くでられなかったといいます。加害者数人のみが裁判にかけられ、そ
の被告らの罪も十分に問われませんでした（☞Q9）。

　このように被害者が計り知れない精神的苦痛をともなったことは、
つぎにみる群馬の藤岡警察署で朴鴻祚（パクホンジョ）が自死を考えたことからも分か
ります。

　南廷浤が体験した埼玉での虐殺事件が群馬にも伝わる中、藤岡警察
署の署長は事件の発生をおそれ、近隣の朝鮮人労働者を拘束し留置場
に収容しました。さらに、同日５日
の昼に２人の朝鮮人が「保護」を求
めてやって来ます。

　そこに、夕方から 1,000 人近くの
民衆がおしよせ、警察署を襲撃しま
した。20 時から 21 時にかけてその
数は 2,000 人にも達し、朝鮮人に襲
いかかりました。朝鮮人は留置室の
天井や床下などにもぐりこむなど
して隠れようとしましたが、天井に
逃れた者も竹槍で下から突かれる
など、逃げようにも逃げる術があり
ませんでした。翌６日の夕方も、民
衆による再襲撃と警察署の占拠が
ありましたが、高崎歩兵第 15 連隊

朴鴻祚の体験
（『上毛新聞』1923 年 10 月 25 日付）

の出動によって暴徒は解散に至ります。九死に一生をえた朴鴻祚は、そ
の後、新聞記者に「八日まで四日間全く飲むことも食ふこともできず殊
に眠る事さえもなおさら不安」で、「もし眠った間に襲撃をうけては大
変だと案ぜられた。もしその場合は自殺しようと布団の中におって寸
時もはなさず短刀を懐中にしておりほとんど生きたる心地はしなかっ
た」と極限にまで追い詰められた状況を話しています。

　襲撃されるなかで逃げ隠れすることが、いかに困難であったのかが
わかります。朴は、床や天井に隠れても殺されるといった極限の状態の
なかで身の危険を感じ、自ら「死ぬしかない」と思いつめたのではなか
ったでしょうか。

　こうした「官民一体」の暴力に囲まれる状況は、警察署以外でも同じ
でした。

　圧倒的に数が多い日本人の中で生きざるをえない宗主国の地で、朝

表2　1923年の朝鮮人渡日者および帰還者

渡航			帰還		
A 学生	B 労働者	A+B+その他の合計	A 学生	B 労働者	A+B+その他の合計
1 月	417	8,764	9,427	120	5,867	6,182
2 月	125	6,205	6,844	162	5,787	6,398
3 月	477	23,435	25,260	353	3,542	4,417
4 月	594	8,898	10,181	208	4,473	5,051
5 月	207	8,209	9,425	256	4,766	5,728
6 月	68	7,311	8,129	615	4,857	6,038
7 月	71	9,553	10,395	1,216	5,066	6,878
8 月	424	11,563	12,689	221	7,236	8,178
9 月	219	1,993	2,410	815	13,287	14,717
10 月	222	196	602	964	12,171	13,726
11 月	220	444	864	102	5,914	6,630
12 月	190	715	1172	162	5,079	5,802

典拠：朝鮮総督府警務局編「関東地方震災ノ朝鮮ニ及ホシタル状況」『斎藤実関係文書』。朝
鮮総督府警務局編『朝鮮の治安状況　大正十三年二月』不二出版、2006年。

鮮人であることを隠すという防衛手段は各地でみられましたが、そう
したなかで九死に一生をえた人々も、関東から脱出することを急ぎま
した。しかし流言が全国的に拡散し、迫害もまた全国に広がる中で、関
東の外に行っても危険な状況には変わりありませんでした。

　朝鮮人「包囲」の状況が虐殺地である関東のみならず日本全国に広が
っていたなかで、あい路をぬけたず迫はとりあえず帰還しかありませ
んでした。こうして、在日朝鮮人は虐殺から逃れるために朝鮮、故郷に
避難していきました。関西にいた労働者たちも逃げるように帰ってい
きました。虐殺があった9月と翌10月はその年の帰還者数が最も多か
った月となったのです【表2】。

参考文献——
朝鮮に関する研究資料第九集『関東大震災における朝鮮人虐殺の真相と実態』
　　　　朝鮮大学校、1963年
関東大震災時に虐殺された朝鮮人の遺骨を発掘し慰霊する会『12.18渡韓報告
　　　　集会』1983年
姜徳相『新版　関東大震災——虐殺の記憶』青丘文化社、2003年
裵姈美「1920年代における在日朝鮮人留学生に関する研究：留学生・朝鮮総督
　　　　府・「支援」団体」一橋大学大学院社会学研究科博士論文、2010年
山田昭次編『在日朝鮮人資料叢書10　関東大震災朝鮮人虐殺裁判資料1』緑蔭書
　　　　房、2014年
西村直登「関東大震災下における朝鮮人の帰還」『社会科学』47巻、同志社大学
　　　　人文科学研究所、2017年
鄭永寿「関東大虐殺の避身者とその精神的傷跡」（朝鮮語）『朝鮮大学校学報』
　　　　Vol.30、朝鮮大学校、2020年

Q8 生存者や遺族はどんな苦しみを抱えてきたの？

　虐殺事件の生存者は、その後、いかに生きたのでしょうか。

　かろうじて虐殺から逃れた李性求は、1926 年に日本での留学を終え、朝鮮に帰ってからは学校に勤めました。李は自身のトラウマ的体験—検束から釈放された帰路、道を尋ねたら朝鮮人だと叫ばれ、自警団が迫りくるなか必死に逃亡を続けた—が原因で、「うしろから生徒の走る音が聞こえると、身体がいつも硬直」するようになったといいます。

　とび口で右足を刺された曺仁承 (☞Q7) は、それを支える左足の痛みが続き、夜中に救急車で運ばれたこともありました。また、曺は 20 年もの間、悪夢にうなされつづけました。パートナーの朴粉順が夜中に急に起きて暴れることを心配し、どうしたのかと聞いたところ、曺は「あたしは病気じゃなく、むかし、まえね、震災のときひどい目にあったから、それがいまときたま夢でみちゃって驚いてね、そうなるんだ」と答えています。

　このように生存者は身体的にも精神的にも苦しみを抱えながら生きていったのです。

　虐殺を目撃した者もそのトラウマ的記憶が消えることはありませんでした。

　文戌仙は、関東大震災の前日に真っ赤な夕焼けをみたといいます。そして震災時には自警団が同郷の人の首をきり、竹槍に刺してかっ歩するところを目撃しました。その後、阪神・淡路大震災前日にも夕焼けをみた文は、地震がおきるのではないか、「そうしたらまた朝鮮人が殺されるんだ、気を付けなきゃいけない」とトラウマ的記憶に悩まされました。また、虐殺の目

文戌仙
(総聯映画製作所『歴史を繰り返してはならない——関東大震災・朝鮮人虐殺 80 周年を迎えて』2003 年)

撃について家族にも話せず記憶を封じ込めてきましたが、晩年になってその事実をカムアウトし、日本政府に虐殺の真相の究明と責任を求める行動に出ました。

共に暮らしてきた娘の尹峰雪（ユンボンソル）は「おそらく母は幼い年であまりの恐ろしさを記憶の中に封印していたのだろう」、「その封印が解けて、解き放たれ、その当時の記憶がよみがえってきたんだと思います。その時受けた衝撃、そしてその後トラウマで長い間色々なかたちで苦しんできたことなど、その時つくづく深く感じました」と話しています。

家族を失った遺族の苦しみも計り知れません。

在日本朝鮮人聯盟（朝聯）の教育活動家で文筆家の李殷直（リ・ウンヂク）は、自身の故郷である全羅北道井邑郡で起こった悲しい出来事——夫の帰りを待ち続けた末に柿の木に首を吊って自殺を遂げたある女性の話を記録しています。

また、朝鮮人虐殺以降、叔父の朴徳秀（パク・トクス）の行方がわからない金道任（キム・ドイム）は「物心ついたころから、重ね重ね母から聞かされた悲しい伯父の話が心に突きささり、いつまでも私を苦しめてきました」と話しており、9月1日が近付くと悪夢にうなされる幼少期を過ごしました。歳を重ねた今もその苦しみは続いています。

生存者や目撃者、犠牲者の遺族の痛みは今日まで癒えていないのです。

こうした虐殺の記憶が、体験者や遺族のみならず、在日

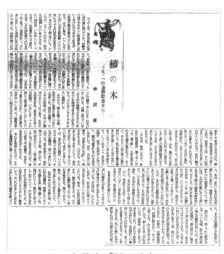

李殷直「柿の木」
（『朝聯中央時報』1948 年 8 月 27 日付）

朝鮮人の脳裏に深く刻まれていたことをよく示したのが8・15解放です。

　日本の敗戦前、米軍の空襲と原爆投下の被害をうけた朝鮮人のなかには、日本国内が混乱するなかで危害を加えてくる日本人があらわれるのではないかという危惧や不安を抱いた者が少なくありませんでした。実際、敗戦と同時に各地では、朝鮮人が「暴動」を起こしているという、関東大震災をほうふつとさせる流言が確認でき、朝鮮人が危惧したとおり、引き揚げ軍人や、警察、民衆による殺傷事件も起きました。

　こうして敗戦前後の日本の情勢は、朝鮮人をして、故郷への帰還を急がせました。

　解放から1年後にひらかれた朝聯の大会では、8・15を迎えた在日朝鮮人たちは「解放された祖国の懐かしい面貌を一日も早くみたいと高まる胸のなか下関に向かっていった」が、そこには「喜びと恐怖心」が混在していたということが報告されました（朝聯第3回大会の「一般情勢報告」）。虐殺直後にも帰還者が急増しましたが（☞Q7）、解放前後にも虐殺再来の恐怖として帰還の動きがあらわれたのです。

　虐殺が再来しないかという朝鮮人側の恐怖——それは、関東大震災時の虐殺の記憶と同時に、その後も流言や殺傷事件が繰り返されたことへのトラウマ的な反応といえるでしょう。

参考文献───

ほうせんか編『増補新版　風よ鳳仙花の歌をはこべ──関東大震災・朝鮮人虐殺・追悼のメモランダム』ころから、2021年

金道任「閉ざされた恨は解き放たれることを願っている」関東大震災七〇周年記念行事実行委員会編『この歴史永遠に忘れず──関東大震災七〇周年記念集会の記録』日本経済評論社、1994年

尹峰雪「母のトラウマ、ひ孫まで排他と差別」『統一評論』517号、2008年11月

───「朝鮮人虐殺を生き延びた者の娘として、オモニの遺志を引き継いで

きたい」『人権と生活』37号、在日本朝鮮人人権協会、2013年12月
鄭永寿「敗戦／解放前後における日本人の「疑心暗鬼」と朝鮮人の恐怖——関
　　東大震災との関連を中心に」『コリア研究』7号、立命館大学コリア研究
　　センター、2016年
———「関東大虐殺の避身者とその精神的傷跡」（朝鮮語）『朝鮮大学校学報』
　　Vol.30、朝鮮大学校朝鮮問題研究センター、2020年

映像資料——
映画『隠された爪跡——関東大震災朝鮮人虐殺記録映画』呉充功監督、麦の会
　　製作、1983年
記録映像『歴史は繰り返してはならない——関東大震災・朝鮮人虐殺80周年を
　　迎えて』総聯映画製作所、2003年

今日まで続く虐殺の隠ぺい

Q9　虐殺はどのように隠ぺいされてきたの？

　虐殺とともに日本当局による隠ぺいがはじまりました。隠ぺいは大きく分けて、遺体・遺骨の処理、朝鮮人「不逞」行為のねつ造、自警団のみに責任を負わせようとした検挙・裁判、「美談集」の宣伝、真相を求める朝鮮人運動にたいする弾圧があります。それぞれみていきましょう。

　第1に、警察によって遺体が隠されたり、引き渡しが拒否されました。これらは当時、真相を調査した朝鮮人の証言などから実態が明らかになっています。警察は、数がわからなくなるように遺体を焼いたり（本庄、亀戸）、海に投げたり（横浜）、河川敷に埋められた朝鮮人遺体を持ち去ったり（荒川）、災害による日本人死者と一緒に埋めたりして、徹底的に遺体を隠しました。そうしたなかで、朝鮮人側の調査は困難をきわめ、警察に協力を頼んでも拒まれ、尾行され、遺骨の引き渡しも拒否されました。

　こうした虐殺の隠ぺい行為とともに、「朝鮮人暴動」を仕立て上げようとしました。これが第2の朝鮮人「不逞」行為のねつ造です。

　内閣総理大臣の管理下に設置された臨時震災救護事務局警備部は、9月5日に「鮮人問題に関して外部に対する官憲の採るべき態度」を決定しました（「鮮人問題に関する協定」）。そこでは「朝鮮人の暴行又は暴行せむとしたる事実を極力捜査し、肯定に努むること」とし、朝鮮人の「暴行」を「事実」化することを求めています。

　これに沿って、司法省は10月20日に「一部不逞鮮人の輩があって幾多の犯罪を敢行し」たとして、「厳密な調査」によって「起訴」をしたと声明しました。そこには、「犯罪」が「事実喧伝さるるに至った

結果、変災に因る人心不安の折から恐怖と興奮の極、往々にして無辜の鮮人、又は内地人を不逞鮮人と誤って自衛の意を以て危害を加えた事犯を生じた」と記されており、虐殺が起った原因は朝鮮人のせいであるかのように発表したのです。

　これに対して、山田昭次は、朝鮮人「犯罪」の信ぴょう性を分析しています。司法省によって「犯罪」者とされた138〜139人中、約80％が姓名不明であり、そのほかも所在不明、逃亡、死亡であることから、決して犯罪の証明にはならないこと、また、取調べ・予審・公判とい

1923年10月20日に司法省が発表した「鮮人暴行に関する調査書」
（『変災及救済関係雑件（別冊）関東地方震災ノ件　朝鮮人問題及其反響　第二』外務省外交史料館所蔵）

った容疑段階の3人を司法省みずからが犯罪人と決めつけて発表したことを批判しています。また、窃盗・横領といった犯罪をおかした者は16人・15件であるものの、東京区裁判所が9月1日から翌年1月30日まで受け付けた窃盗全体の数は4,409件にものぼること、朝鮮人による窃盗も、こうした全体の窃盗も、震火災の被害のなかで衣食に困って起きた犯罪の1つであると指摘し、この手の政治性のない犯罪を「暴動」の証拠とすることはできないと批判しています。

　このように朝鮮人「暴動」をねつ造する当局の声明について、当時も各界から批判の声があがっていました。東洋経済新聞社の記者であった石橋湛山は、姓名が不詳ゆえ日本人か朝鮮人かわからない事件であるといい、朝鮮人独立運動の弁護などを担当した布施辰治は、発表が架

空すぎると批判しています。

　隠ぺいの第3は、裁判を通じて自警団のみに虐殺の責任を負わそうとしたことです。

　日本政府は、朝鮮人虐殺に対する国際的な批判を防ごうとする思惑から、朝鮮人を虐殺した自警団に対して9月半ば以降、各地で検挙を行いました。司法の方針は、警察署を襲撃した者と日本人を殺害した者を厳しく処分し、朝鮮人を虐殺した被告はその刑罰を軽くする＝情状酌量するというものでした。また、浦和地裁や前橋地裁などでは、自警団の結成を命じたり、朝鮮人を警戒せよと指示した地方役人らを証人として呼び出すことを検事が拒否しています。結果、朝鮮人を虐殺した被告の多くは執行猶予、実刑を科された者は少数となった一方で、地方政治家は喚問されず、軍人は一人も裁判にかけられないなかで、官憲の責任はただされなかったのです。

　第4に、「美談」によって虐殺をうやむやにしようとしました。

　朝鮮人と日本人が対立せず「内鮮融和」することが政策的にはかられ、かかる目的で大阪、兵庫などに設置された「内鮮融和」団体や、朝鮮人親日派の団体である相愛会などを通じて、日本人と朝鮮人が震災の混乱のなかで互いに助け合ったとする「美談集」が作成され、宣伝されました。また警視庁が1925年に刊行した『大正大震火災誌』には、警察はあくまでも民衆の流言と迫害を抑える側にいたと、偽りの歴史が描かれました。

　虐殺当時、自警団から朝鮮人を守った社会主義者や千葉の法典村の農民たち、朝鮮人を「保護」した埼玉の事業主など、虐殺に加担しなかった事例もたしかにみられました。しかし、今日そうしたごく少数の事例をことさら強調することで、当時現実に起こった朝鮮人大虐殺を見えなくさせようとする「美談」の枠組みにはまってしまわないか、気を付けなくてはなりません。雇用主が朝鮮人労働者を守ったというケースも、宗主国の使用者と植民地の労働者という当時の差別的な労使関

係を考えると、安い植民地労働力を雇用（☛Q1・2）できなくなるといった雇用主側の「思惑」もあったと考えられます。

　日本の当局や警察は、以上のような虐殺隠ぺい工作をする一方、虐殺の真相を明らかにしようとする朝鮮人の追悼抗議集会に対しては苛烈な弾圧を加えていきました（☛Q12）。

参考文献——
山田昭次『関東大震災時の朝鮮人虐殺とその後——虐殺の国家責任と民衆責任』創史社、2011年

Q10　最近、「虐殺ではなかった」という主張があるの？

　工藤美代子は 2009 年に産経新聞出版から朝鮮人虐殺を否定する『関東大震災「朝鮮人虐殺」の真実』という書物を発刊しました。2014 年には WAC から同じ内容で、『関東大震災「朝鮮人虐殺」はなかった！』（名義は加藤康男）が出版されました。

　工藤・加藤は、どのように虐殺をわい曲しているのでしょうか。

　工藤・加藤は、「朝鮮人犯罪」が実際にあったために、朝鮮人殺傷がおこなわれたのだと主張しています。これは根拠なき「朝鮮人犯罪」を並べた 1923 年 10 月 20 日の司法省声明と同じ言い分です。司法省は、起訴・裁判を通じて虐殺の責任を自警団のみにおしつけようとしましたが、それと同時に「朝鮮人犯罪」が実際にあったために自警団の朝鮮人殺傷もあくまで「自衛」の行為であったと、その罪を擁護していました（☞Q9）。司法省は、震災から約 20 年後に当時を回顧する報告書まとめましたが（『関東大震災の治安回顧』）、そこでも治安を安定させたという軍隊の行動を「評価」しながら、流言と虐殺については朝鮮人「犯罪」を見聞きしてきた民衆が、震災の恐怖の中で「あらゆる害意の到来を幻覚し」発生させたものであり、「自衛的暴発」であったととらえています。

　工藤・加藤の主張が司法省と違うのは、軍隊の行為について触れている点です。両人は、軍隊らが朝鮮人「テロリスト」を殺したのは「国家の自衛権の行使」、すなわち正当防衛であって決して虐殺ではなかったと主張しています。今日

では、国家による虐殺の主導、軍警による虐殺（☞Q3）に対する研究が積み重ねられ、資料上も軍隊や警察による虐殺行為を否定することは不可能になっています。しかしそれらは、「自衛」であったがために虐殺とは言えないと、正当化しているのです。

　両人は、朝鮮人が暴動を起こした「証拠」として9月2日から6日ごろの『大阪朝日新聞』『東京日日新聞』等の記事を挙げています。しかしこれらの記事は、政府主導で流言が拡大されるなか、国家と一体となったメディアが、朝鮮人が放火した、日本人を殺害したといった流言をまるで「事実」のように報じたものです。両人は今日でいうフェイクニュースをそのまま使って、「虐殺ではなかった」とし、さらに6,000余人といわれる朝鮮人犠牲者も「嘘の数字を羅列した」ものであるとして攻撃を加えました（☞Q6）。

　今日、両人の主張はネットを通じてひろまっていますが、それは、当時の司法省の論理（「朝鮮人の犯罪は事実」「自衛であった」）を継承しつつ、1990年代以降の歴史修正主義運動の流れのなかであらわれたという特徴をもっています。その流れを確認しておきましょう。

　1980〜90年代以降、過去の不正義を糾弾する声が被害国や被害者から発せられました。こうしたアジアからの声に対して日本政府は、植民地は「合法」であるから法的責任はないという立場に立ちつつ、「河野談話」や「村山談話」をだすことで、外交的なアピールとしての「お詫び」を表明しました。しかし、こうした動きを「自虐」的だとした歴史修正主義運動が、安倍晋三などの自民党の若手議員を中心に起こり、それと連動して「新しい歴史教科書をつくる会」が発足します。

　このようにバックラッシュとして起きた歴史の否定は、「慰安婦」問題や強制連行・強制労働、「BC級戦犯」や被爆問題など、日本の侵略戦争と植民地期の多岐にわたる犯罪を否定する形としてあらわれました。また2002年、朝鮮が拉致を認め謝罪したのをきっかけに、拉致問題を利用して、在日本朝鮮人総聯合会（朝鮮総聯）と朝鮮学校・学生に

対する攻撃が強まり、在日朝鮮人の歴史を否定する動きもひろがっていきました。在日朝鮮人の形成や法的地位、生活保護問題をわい曲する在特会の主張、在日朝鮮人が受けた大虐殺を否定した工藤・加藤の主張がそれです。

そして、こうした歴史修正主義運動は、日本が新しい戦争へとつき進むなかで展開されてきました。「9・11」以降の「対テロ戦争」への協力や「北朝鮮脅威論」を口実とした軍事大国化は、過去の歴史の反省に立たないばかりか、歴史の居直りを前提にするものです。米国を中心とした現代の戦争に参加するなかで、「テロリスト」を殺すのは「国家の自衛権の行使」という論理は社会のなかでも幅を利かせるようになっていきました。その意味では、工藤・加藤による、虐殺は「自衛」で正当防衛であったという主張は、司法省の論理と現代日本の動向とが反映された、「古くて新しい」言説といえるでしょう。

ほかにも、ハーバード大学のジョン・マーク・ラムザイヤーが2019年に、関東大震災朝鮮人虐殺を正当化する論文を発表しています。そこでも朝鮮人＝「テロリスト」にたいする自警団の虐殺は正当防衛であったと扱っています。

これまでみてきたように、司法省からはじまり、工藤・加藤、ラムザイヤーにいたる虐殺のわい曲は、総じて、朝鮮人虐殺とは日本の国家・民衆の「自衛」の行為であったというものです。虐殺のわい曲はいまや日米の右派的な学者やジャーナリズムによって発信されています。「学問的権威」をよそおって歴史学の常識を破壊しようとする歴史否定論への対応は急務となっています。

参考文献——
山田昭次「関東大震災・朝鮮人虐殺は「正当防衛」ではない—工藤美代子著『関東大震災—「朝鮮人虐殺」の真実』への批判」『世界』809号、岩波書店、2010年10月

鄭栄桓「関東大震災下の朝鮮人虐殺と国家責任」『歴史地理教育』809号、歴史
　　教育者協議会、2013年9月号

趙慶喜「歴史とアイデンティティの否定──朝鮮人虐殺とマイノリティ集団に
　　ついてのラムザイヤー論文批判」『女性・戦争・人権』20号、「女性・戦
　　争・人権」学会学会誌編集委員会、2022年3月

Q11　虐殺が起こった地方自治体でも歴史の否定が進んでいるって本当？

　朝鮮人虐殺の歴史的事実を否定する言説は、書籍にとどまらず、SNSやYouTubeなどネット上に拡散していますが、一部の政治家や地方自治体はこれらの言説に同調し、意図的に利用しています。

　横浜市と東京都における教材（副読本）の改ざんはその一例です。

　横浜市教育委員会は、1971年以来、『わかるヨコハマ』（旧名称は『横浜の歴史』）を、改訂を重ねながら中学生に配布してきました。

　2012年度版では「軍隊や警察……自警団などは朝鮮人に対する迫害と虐殺を行い、また中国人をも殺傷した」という記述でしたが、翌2013年度版では「自警団のなかに朝鮮人や中国人を殺害する行為に走るものがいた」と後退しました。①「軍隊や警察」の虐殺への関与の記述を削除し、②「迫害、虐殺」の語句は「殺害」に換え、③「関東大震災殉難朝鮮人慰霊碑」の写真と説明文も削除したのです。その経緯をみてみましょう。

　2012年6月25日付の『産経新聞』で工藤美代子が2012年度版の叙述を批判しました。それを受けて、7月の横浜市議会で自民党の横山正人議員が、「軍隊、警察が虐殺」という内容は我が国の歴史認識や外交問題に大きな影響を及ぼす、「虐殺」の語句を使用しているのは不適切だと批判しました。

　そして山田巧教育長（当時）が記述の改訂と2012年度版の回収を表明しました。その後、横浜市は、2016年に出版・配布した新副読本（『Yokohama Express』）から、関東大震災の流言、虐殺を全面的に削除しています。しかし市民から多くの抗議を受けて、市教育委員会は、①新副読本に朝鮮人・中国人の殺害を記載する、②従来の副読本はデジタル化し活用を続けると表明し、現在に至っています。

　一方、東京都教育委員会は、都独自の高校日本史副読本『江戸から東京へ』を2011年に作成し、石原慎太郎都知事（当時）の意向を反映する形で侵略戦争を美化する改訂を行い、2013年度に再改訂しました。

　そこでは、関東大震災時の朝鮮人虐殺に関する記述から「数多くの」「虐殺」という文言を執筆者や監修者に相談することなく削除してしまいました。変更前には、「「関東大震災朝鮮人犠牲者追悼碑」は、大震災の混乱のなかで数多くの朝鮮人が虐殺されたことを悼み、1973（昭和48）年に立てられた」と記述されていましたが、変更後は、「震災発生50年にあたる1973（昭和48）年に立てられ、碑には、大震災の混乱のなかで、「朝鮮人の尊い命が奪われました。」と記されている」と書き換えられました。碑文を引用する形で「数多くの」「虐殺」という文言を削除したのです。その理由として都の教育委員会の担当者は、「いろいろな説があり、殺害方法がすべて虐殺と我々には判断できない。(虐殺)の言葉から残虐なイメージも喚起する」と説明したといいます（『朝日新聞』2013年1月25日付）。

　「いろいろな説」とはなんでしょうか。軍隊・警察・民衆が朝鮮人虐殺を起こしたという、これまでの歴史学の常識にたいして、工藤・加藤は、殺害はあったが正当防衛であったために「虐殺ではなかった」というデタラメな主張をしています（☞Q10）。こうした「説」をとりいれて、教材では「虐殺」ということばを使わないということでしょう。

　歴史否定論の言説を利用する都の姿勢は2017年により明確になりました。

　小池百合子都知事が、横綱町の「関東大震災朝鮮人犠牲者追悼碑」の前で毎年行われている追悼会にたいして追悼文の送付を行わないことを発表したのです。

　それまで式典には歴代の都知事が追悼文を寄せていました（☞Q13）。もちろん都が虐殺の責任を認めたことはありませんし、教材の内容も後退してきたことを考えると、追悼文の内実は問われなければなりま

せんが、小池都知事は初めて追悼辞の送付すら行わなかったのです。そのきっかけとなったのは 2017 年 3 月 2 日の東京都議会本会議における自民党の古賀俊昭議員の発言です。古賀議員は碑に記された「あやまった策動と流言飛語のため六千余名」が犠牲になったという文言を、「一方的な政治的主張と文言」といい、工藤の本を根拠に、流言はデマではなく事実であり、犠牲者数も「根拠が希薄な数」であると発言しました。このように歴史否定論を利用しながら、追悼文送付の再考を強く求めたのです。

　これにたいして小池都知事は、8 月 25 日におこなわれた定例記者会見のなかで「都知事として、関東大震災で犠牲となられた全ての方々への追悼の意を表してきた」と説明し、関東大震災の犠牲者を追悼する大法要に追悼文を送っているので、個別に朝鮮人犠牲者にメッセージを送る必要はないと主張しました。朝鮮人虐殺とい

2011 年度の記述

↓

2013 年以降の記述

う人の手によっておこなわれた虐殺を、自然災害で亡くなった被害のなかに「統合」することで、追悼文送付を取りやめたのです。

こうして権力側が、虐殺否定論を利用し、追悼辞の送付を取り止めるなか、2017年9月1日の朝鮮人犠牲者追悼式は右翼から攻撃を受けました。小池都知事も招かれ講演をしたこ

歴史の否定を掲げ、
追悼式を拡声器で妨害する「そよ風」
(『朝鮮新報』2020年7月27日付)

とがある右翼団体「日本女性の会・そよ風」は、朝鮮人犠牲者追悼式の同時刻に、「真実」の「慰霊祭」として、「六千人虐殺は本当か！ 日本人の名誉を守ろう！」という立て看板を掲げ、「君が代」を斉唱し、スピーカーで罵詈雑言を浴びせたのです。そもそも「そよ風」は2016年春から追悼碑撤去を求めてデモ活動を行い、都に質問状や交渉を執拗に行ってきた団体です。ノンフィクション作家の加藤直樹は、古賀議員が小池都知事に追悼辞送付の再考を求めたのは、「「そよ風」のアプローチ」(2016年6月に古賀議員と面会)が背景にあったと指摘しています。

本来、歴史を否定する言説を認めず、正しい事実関係を社会にひろめるというのが政治の責任といえます。しかし、歴史否定論者と右翼と政治家・行政が一体となった歴史の否定が進められ、次世代を担うこどもたちの教育までも侵されています。追悼の拒絶と歴史のわい曲によって犠牲者が2重、3重にふみにじられている現状を一刻も早く正さねばなりません。

参考文献——

加藤直樹『九月、東京の路上で——1923年関東大震災ジェノサイドの残響』ころから、2014年

鈴木敏夫「関東大震災をめぐる教育現場の歴史修正主義」『大原社会問題研究所雑誌』668号、法政大学大原社会問題研究所、2014年6月

田中正敬「小池都知事の追悼辞送付取りやめとは何か——関東大震災朝鮮人虐殺をめぐって」『歴史学研究』968号、績文堂出版、2018年3月

金哲秀「関東大震災朝鮮人犠牲者追悼式をめぐる昨今の動きについて——「追悼辞送付中止」と「誓約書提出要請」問題を中心に」『人権と生活』51号、在日本朝鮮人人権協会、2020年11月

犠牲者の追悼

Q 12　虐殺後、追悼はどうなされてきたの？

　在日朝鮮人による追悼はどのように行われたのでしょうか。

　「慰問班」による虐殺の真相調査活動（☞Q6）をふまえて、1923年12月25日には、報告会および、東京の朝鮮人大会が開かれました。犠牲者数が報告され、流言の国家責任を問う「声明書」が決議されています（☞Q15）。そして、3日後の28日には、それまでの真相調査にもとづいて、「震災当時被虐殺朝鮮同胞追悼会」が開催されました。親日団体の相愛会を除いた17の朝鮮人団体が集結し、虐殺後はじめて大きな追悼会をもったのです。そこでは「残された我等は一層たおれた同胞の遺言と我等の進むべきを記憶せんが為、虐殺紀年日を定め」ることが満場一致で可決されました。こうして虐殺の犠牲者を追悼し、その真相と責任を求める在日朝鮮人運動——「虐殺記念日闘争」がはじまりました。これ以降、毎年、思想や団体、階層を超えて、朝鮮人団体が合同で追悼会を営んでいきます。

　1924年の2〜3月には、日本労働総同盟とも手を携え、追悼会を開催しました。朝鮮人側は日本団体側に、亀戸事件のみならず、朝鮮人虐殺についても関心を向けるよう促していきました。

　一方、日本の政府当局と「内鮮融和」団体は、虐殺事件を隠ぺいするために、むしろ互いが助け合ったことを過剰に強調、美化し（☞Q9）、逆に朝鮮人運動側の集会には目を光らせました。1925年9月20日、在日朝鮮人の労働組合の中央組織である在日本朝鮮労働総同盟が中心となって開催した追悼会では、警察が入口で入場者の身体検査をし、旗に記された「虐殺」の字を「不穏」だとして字の抹消や旗の撤収を命じています。

　1920 年代後半の「虐殺記念
日闘争」は、在日朝鮮人諸団体
が民族解放に向って結集する
なかで、虐殺責任を有する「日
本帝国主義」「政府」を「打倒」
するところに「同胞を追悼する
意義がある」と位置付けられま
した。

　しかし 1928 年に治安維持法
が改悪されることで弾圧がよ
り強まったこと、1930 年前後

警察に解散させられる 1925 年の追悼会
（『思想運動』1925 年 9 月号、朴慶植編『朝
鮮問題資料叢書』5 巻、三一書房、1983 年）

に朝鮮人労働団体は日本の労働団体へ合流し、朝鮮人共産主義者は日
本共産党へと入党したことによって、朝鮮人独自の運動と主張は困難
になっていきます。さらに日本が「満州事変」を契機に中国侵略を進め、
ファシズム化するなかでは、追悼会は主に宗教団体によってかろうじ
て営まれていきましたが、1938 年以降の開催は、資料上確認できませ
ん。ただ、埼玉県熊谷で韓某のかくれた尽力によって供養塔が建立され
るなど、警察の監視の目をかいくぐりながら犠牲者の慰霊がなされて
いきました。

参考文献——

山田昭次『関東大震災時の朝鮮人虐殺とその後——虐殺の国家責任と民衆責
　　　任』創史社、2011年

鄭永寿「解放後在日朝鮮人運動における「関東大虐殺事件」の真相究明・責任
　　　追及（一九四五－四九年）」『在日朝鮮人史研究』47号、在日朝鮮人運動
　　　史研究会、2017年10月

Q 13　植民地解放後の追悼はどうなされてきたの？

　1947 年に開催された追悼会のなかで朝聯の尹槿委員長は「戦争が終わるまでその追悼会さえ開けなかった。解放 2 年後の今日このように盛大に追悼大会を開くことが出来るということはわれわれにとってこの上もない喜びである」と発言しました。植民地期に弾圧されてきた追悼会を再度開けるようになったことへの喜びのあらわれです。

　解放後の朝鮮人の追悼にはどのような思いが込められたのでしょうか。1947 年の碑と 1948 年の詩から考えてみましょう。

　現在、千葉・船橋の馬込霊園には「関東大震災犠牲同胞慰霊碑」があります。この碑は、1946 年から 47 年にかけて、朝聯千葉県本部が朝聯中央に提起して、建立運動を行い、船橋市本町の法界無縁塔のそばに建てたものです。その後、1963 年に現在のところに移設されました。建立運動を推進した人物の中には虐殺事件の生存者・李珍鎬（リ ジ ノ）もいました。

　碑文では、虐殺の実態と責任を記したうえで、「真正なる民主朝鮮を建設して、世界平和を維持することによって宿怨雪辱しよう」と、うたわれています。解放直後の在日朝鮮人たちは、新しい朝鮮の独立国家を建

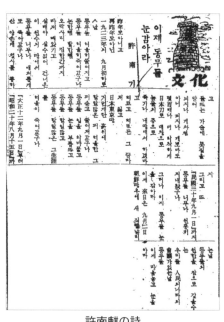

許南麒の詩
（『解放新聞』1948 年 9 月 6 日付）

設することで犠牲者に報いようという思いを込めたのでした。そうしたことから、碑の竣成日が３・１独立運動記念日になっているのだと考えられます（除幕式は４月23日）。

　翌年、許南麒は「이제　동무들　눈감아라（きみたちよ、もう眠るがいい）」という詩を朝鮮民主主義人民共和国建国直前の『解放新聞』1948年９月６日付に発表しています。この詩は虐殺から25年目を迎えた

【碑文】
西暦千九二三年九月、日本関東地方大震災時に軍閥官僚は、混乱中、罹災呻吟する人民大衆の暴動化を憂慮し、自己の階級に対する憎悪の感情を進歩的人民解放の指導者と少数民族に転嫁させ、これを抑圧、抹殺することによって、軍部独裁を確立しようと陰謀した。当時山本軍閥内閣は戒厳令を施行し、社会主義者と朝鮮人たちが共謀して暴動を計画中であるとの無根なる言辞で、在郷軍人と愚民を煽動教嗾し、社会主義者とわれわれ同胞を虐殺させた。在留同胞中で此凶変蛮行による被殺者は六千三百余名を算え、負傷者数万に達したこの犠牲同胞の怨恨は、実に千秋不滅であろう。しかし解放された我々は、世界の民主勢力と提携し、海内、海外の国粋的軍国主義の反動残滓勢力を撲滅し、真正な民主朝鮮を建設し、世界平和を維持することによって、宿怨を雪辱するよう積極的に闘争することを盟誓し、犠牲諸霊を慰労するために、ここに小碑を建立する。
　　　　　　（注：原文はハングルで表記）
　　　　在日本朝鮮人聯盟
　　　　中央総本部　委員長　尹槿撰

1948年9月1日の追悼会で詠まれたと考えられます。

　詩では、大震災の日から解放まで、そして「単独政府」樹立直後に迎えた9月1日までにも犠牲者の怨恨がはれなかったと嘆き、しかし「明日は9月2日」、すなわち平壌で第1次最高人民会議がスタートすることをふまえ、ついに人民の国が誕生することをもって、「怨恨」を「真にはらせる」「もう心おきなく眠るがいい」とうたっています。

　1947年の碑文同様、新しい朝鮮の独立国家を建設しようとする運動のなかで、追悼の思いが込められていることが分かります。その間、朝聯と多くの在日朝鮮人は、米ソ共同委員会の決裂と米国による「朝鮮問題」の国連移管によって、モスクワ米英ソ3国外相会議の決議に基づく朝鮮の完全独立統一がとん挫したことを憂い、南北連席会議の支持と「単独政府」の反対を訴え、北朝鮮における建国の動向を中央政府の樹立として支持してきました。許が詩の最後で、「もう心おきなく眠るがいい」と詠ったのは朝鮮人による朝鮮人の中央政府が樹立することを念頭においたためです。

　朝鮮戦争後、朝鮮総聯による追悼会のなかで、平和的統一を達成することで犠牲者に報いるんだという追悼辞が読まれるなど、その思いは引き継がれていきました。その後1993年9月1日には埼玉・上里町の安盛寺境内に朝鮮総聯埼玉県北部支部、民団埼玉県県北支部、上里町、安盛寺の4者によって「関東大震災朝鮮人犠牲者慰霊塔」が建立されました。

　一方、日本人の手によって追悼対象が朝鮮人であることを明記しない墓碑や追悼碑が震災以降、各地でつくられましたが、虐殺の事実を記した碑があらわれるのは、関東大震災から半世紀がたってからのことです。

　1973年夏、日朝協会の東京都連合会は横網町に碑を建立しました（☞Q11）。各界に呼びかけ、関東大震災50周年朝鮮人犠牲者追悼行事実行委員会を結成し、そのなかに追悼碑建設の部門を設け、募金運動をおこ

ないました。こうした事業には
当時の美濃部亮吉都知事と自
民党をふくむ都議会の全会派
が賛同しています。このような
経緯のなかで東京都知事は、建
立当時から、小池都知事が中止
するまで追悼辞を寄せてきた
のです（☞Q11）。しかし碑文に
は、都との交渉のなかで、「官
憲」という主語が外され、国家
責任も銘記されていません。

関東大震災朝鮮人犠牲者追悼碑
（都立横網町公園）

　虐殺主体が日本の軍隊・警察・民衆であることを記した追悼碑が日
本人の手によって建立されたのは 2009 年のことです。東京都墨田区
の荒川に、「関東大震災時に虐殺された朝鮮人の遺骨を発掘し追悼する
会」と「グループほうせんか」によって、追悼碑「悼　関東大震災時　韓
国・朝鮮人殉難者追悼之碑」が建てられました。
　しかし、未だ日本政府による追悼碑建立はなされていません。日本政
府自らが虐殺の真相を究明し、その責任を認めたうえで、朝鮮人犠牲者
を追悼することが求められています。

参考文献――
山田昭次『関東大震災時の朝鮮人虐殺とその後――虐殺の国家責任と民衆責
　　　任』創史社、2011年
鄭栄桓「解放後の在日朝鮮人運動と「関東大虐殺」問題――震災追悼行事の検
　　　討を中心に」関東大震災90周年記念行事実行委員会編『関東大震災　記
　　　憶の継承――歴史・地域・運動から現在を問う』日本経済評論社、2014
　　　年
鄭永寿「解放後在日朝鮮人運動における「関東大虐殺事件」の真相究明・責任

　追及（一九四五－四九年）」『在日朝鮮人史研究』47号、在日朝鮮人運動
　史研究会、2017年10月
田中正敬「小池都知事の追悼辞送付取りやめとは何か──関東大震災朝鮮人虐
　殺をめぐって」『歴史学研究』968号、績文堂出版、2018年3月

課題 —— 今、何が求められているのか？

Q14　世界で過去清算はどのように問われてきたの？
—— 朝鮮人虐殺と国際法

　いまわれわれが、関東大震災 100 年を迎えて直面している現実は、大虐殺がおこなわれたにもかかわらず、100 年がたってもその責任を日本が負おうとしていないことです。それによって、これまで生存者や遺族の苦しみが続き（☞Q8）、今日もヘイトスピーチ・ヘイトクライムが後を絶ちません。虐殺問題は現在進行形の問題なのです。しかし、こうした「過去の清算」は、日本だけが問われているのではありません。

　第 2 次世界大戦後、ナチス・ドイツを裁いたニュルンベルク裁判では、民間人への残虐行為を「人道に対する罪」という戦争犯罪と定め、1945 年の国連憲章や 1948 年の世界人権宣言でも、ホロコーストを念頭に人種主義の問題が批判されました。こうして「人道に対する罪」が国際規範として登場するなか、1948 年には、ジェノサイド条約が制定されます。朝鮮人にとっては朝鮮の全面戦争に至る過程で済州島 4・3 事件など新たなジェノサイドに直面した時期でもありました。

　そうしたなかで、1950 年代以降には植民地支配の問題も提起されるようになり、1960 年に採択された植民地独立付与宣言、1965 年に採択された人種差別撤廃条約では、あらゆる形態の植民地主義や人種差別を終わらせることがうたわれました。しかしこの時期日本は、朝鮮侵略とともに強制した旧条約を「合法」であるとして、植民地支配とその支配下の犯罪を棚上げにして、「経済」支援という形で韓国への新植民地主義を進めてきました。日本は、他の植民地支配をした国々とともに、世界的な流れに逆行する動きをみせたのです。

　その後、1990 年代以降には奴隷貿易や奴隷制度、植民地支配の責任

を問い、謝罪・賠償を求める動きがアジア・アフリカを中心に表面化します。20世紀最後の年には、被害女性たちが集結し「日本軍性奴隷制を裁く女性国際戦犯法廷」が開かれ、性奴隷制を「人道に対する罪」とし、天皇裕仁と日本政府の責任が

日朝平壌宣言の調印
(2002.9.17)

ただされました。翌2001年、国連では人種差別撤廃条約の実効性を確保するために、南アフリカのダーバンで国際会議が開かれました。この会議ではレイシズムの起源として奴隷制・奴隷貿易とともに植民地主義にも焦点が当てられました。そして翌年2002年には旧宗主国・日本と旧植民地・朝鮮民主主義人民共和国の間で日朝平壌宣言が発表されます。

　しかし、女性国際戦犯法廷にかんするNHK特番への安倍晋三内閣官房副長官（当時）らの介入と内容改ざん、ダーバン会議の準備過程における欧米日の強い反発、日朝交渉において過去清算を避けようとする日本側の態度からは、いずれも、決して植民地支配の責任には向き合わないという加害国側の強い「決意」があらわれていました。日本は、自分たちだけがやったのではないという弁明ではなく、過去の清算を求めるグローバルな動きに向き合い、東アジアの平和の構築のために責任を果たす必要があるでしょう。

　そもそも責任とは、罪から生じるものであり、それは何よりも法的に規定されるものです。そこで以下では、日本が関東大震災時に朝鮮人に対して行った行為について、国際法上の罪＝ジェノサイドという観点から、考えてみましょう。

　ジェノサイドとは、ユダヤ人の刑法学者ラファエル・レムキンが1944年に提起したことばです。レムキンは、1915年トルコのアルメニ

ア人虐殺や、ナチス・ドイツのユダヤ人虐殺を念頭において、ジェノサイドという特別な犯罪とその処罰について考え、国連が結成されると、ジェノサイド条約の制定を推し進めました。

第3回国連総会が1948年12月に採択した同条約 (1951年発効、批准国は134カ国、日本は未批准) では、その前文で「歴史上のあらゆる時期においてジェノサイドが人類に多大な損失をもたらしたことを認め、この忌まわしい苦悩から人類を解放するためには国際協力が必要である」として、第1条では「締約国は、ジェノサイドが、平時に行われるか戦時に行われるかを問わず、国際法上の犯罪であることを確認し、かつ、これを防止し処罰することを約束する」としています。また、第4条では、処罰されるべき行為を行った者が「憲法上の責任ある統治者であるか、公務員であるか、または私人であるか」を問わず、ジェノサイドとして処罰すべきだと定めています。

【表3】にあるように、第2条の定義には、集団殺害のみならず、心

表3　ジェノサイド条約

ジェノサイドの定義 (条約第2条)
国民、民族、種族または宗教集団の全部または一部を破壊する意図をもって、
次に掲げる行為を行うこと

A	集団の構成員を殺害すること
B	集団の構成員に対して、重大な身体的または精神的な害悪を加えること
C	集団の全部または一部についてその身体の破壊をもたらすことを意図した集団生活の条件をことさらに押し付けること
D	集団内の出生を妨げることを意図した措置を課すこと
E	集団の子供を他の集団に強制的に移転すること

ジェノサイドとして処罰すべき行為 (条約第3条)

A	ジェノサイド
B	ジェノサイドの共同謀議
C	ジェノサイドの直接かつ公然たる教唆
D	ジェノサイドの未遂
E	ジェノサイドの共犯

身の害悪を加えることなども含まれており、第3条では処罰すべき行為について記されています。この1948年の定義は、1998年の国際刑事裁判所の規程にも引きつがれたため、今もこの定義が使われており、国際法上のジェノサイドの定義は確立したといっていいでしょう。

法学者の前田朗はこうした歴史をふまえたうえで、その定義に関東大震災朝鮮人虐殺を照らしあわせ、「関東大震災ジェノサイド」として捉えることを提唱しています。

前田はジェノサイドの定義（第2条）に照らしあわせると、関東大震災下の朝鮮人虐殺は「国民、民族、種族または宗教集団の全部または一部を破壊する意図」をもった行為であったこと（＝内務省や自警団の朝鮮人敵視と排除）、そして、そうした意図をもって「集団の構成員を殺害」したこと（＝「朝鮮人」という集団の構成員であることを認識して虐殺）から、まぎれもなくジェノサイドとして成立していると指摘しています。

さらに、処罰すべき行為（第3条）と関わって、政府が流言を公認し、朝鮮人への警戒を下へと伝達したことはジェノサイドの「直接かつ公然たる教唆」であること、また虐殺の実行犯のみならず、共犯・未遂も処罰されるべき犯罪であることを確認したうえで、それらジェノサイドの中核には組織としての日本政府の犯罪があったことを指摘しています。

このように国際法的にみても、ジェノサイドの罪として関東大震災朝鮮人虐殺を位置付けることができます。そして今日もナチス・ドイツの関係者が拘束され、裁判が続いているように、「人道に対する罪」にまつわる犯罪——ジェノサイドには時効がありません。

参考文献——
前田朗『増補新版　ヘイト・クライム——憎悪犯罪が日本を壊す』三一書房、
　　2013年

─────「コリアン・ジェノサイドを考える──関東大震災朝鮮人虐殺100年を
　　契機に」『人権と生活』56号、在日本朝鮮人人権協会、2023年6月
日本軍「慰安婦」問題web制作委員会編『Q&A朝鮮人「慰安婦」と植民地支配
　　責任──あなたの疑問に答えます』増補版、御茶の水書房、2018年

Q15　日本が果たすべき虐殺の責任とは何なの？
── 被害当事者の訴え

　関東大震災朝鮮人虐殺問題を、虐殺した側と虐殺された側の双方の歴史からとらえなおすと、そのはじまりは朝鮮侵略と植民地支配にありました（☞Q1・2）。したがって、日本は朝鮮植民地支配そのものの罪を認めることから始め、そのうえで、関東大震災時の朝鮮人虐殺にたいする国家と民衆の個別具体的な罪を認めなくてはなりません（☞Q3・4）。それらの罪を認めたうえで、植民地支配とその過程で犯した虐殺の責任を具体的に果たすという実践が求められているのです。

　そのためにまずは、植民地支配の責任がグローバルに問われているなかで、国際的に根付いてきたジェノサイドの規定（☞Q14）と、日本が「暴動」とみなし弾圧してきた朝鮮内外の民族解放運動が何を求めてきたのかについて真摯に向き合う必要があるでしょう。

　最後のQでは、それらの運動のうち、植民地期および解放後の在日朝鮮人運動に注目し、被害当事者が関東大震災朝鮮人虐殺問題について

流言をめぐる国家責任が示された在日本東京朝鮮人大会の声明書
（『労働同盟』1924年1月2日付、法政大学大原社会問題研究所蔵）

何を訴えてきたのかを振りかえってみたいと思います。

　朝鮮人虐殺が発生した直後から、在日朝鮮人はその責任の追及に取り組みました。

　1923年11月末には、社会主義団体・北星会が朝鮮人労働団体と連携して「決議」を出し、「朝鮮人虐殺事件に対して日本政府にその真相の発表を要求すること」「虐殺に対する抗議を提出して被害者遺族の生活権保障を要求すること」等を決めました。そして、12月末には東京の朝鮮人団体による大会がひらかれ、流言の国家責任を明確にした「声明書」が採択されました（☞ Q12）。

　在日朝鮮人諸団体はこうした一連の要求を行うために、日本の労働団体に呼びかけました。日本労働総同盟は、1924年2月の大会で東京朝鮮労働同盟会に促され、朝鮮人虐殺に対する日本政府宛ての弾劾文を可決しています。その年9月には東京朝鮮労働同盟会が追悼会をひらき、委員長の李憲（リホン）が虐殺の「不法を責め」ました（『読売新聞』1924年9月14日付）。

　こうした責任追及の取り組みは植民地解放後の運動につながりました。解放から4カ月後の12月には、震災以来投獄されていた朴烈（パクリョル）の釈放を祝った歓迎大会（7日）と、朝聯神奈川県本部主催の朝鮮独立促成人民大会（8日）が開かれ、虐殺の真相発表と責任者の処罰が要求されました。朴烈歓迎大会では「計画的大虐殺を世界にその真相を公表、朝鮮人に謝罪しその責任者を厳罰に処すること」が決議され、内務省へデモ行進し、当局と交渉しました（『アカハタ』1945年12月19日付）。

　また朝聯は、1947年に、「関東大震災犠牲同胞慰霊碑」の碑文（☞ Q13)や『関東震災白色テロルの真相』の執筆を通じて加害と被害の真相を明らかにしていきました。翌1948年の追悼会では、「虐殺犯を即時処断し日本政府に損害賠償させよう」というスローガンが掲げられ、日本政府への抗議文が出されています。

　在日朝鮮人運動は日本政府にいかなる責任を問うてきたのでしょう

か。

　第1に、虐殺の国家責任という観点から、日本政府側に朝鮮人虐殺の真相を発表することを求めてきました。これは震災当時、「慰問班」による犠牲者数調査が、警察の妨害によってままならなかったことを踏まえた要求でしょう。しかし日本側による真相調査とその発表は今日に至っても実現されていません。

　第2に、日本政府が虐殺の不法性を認め、被害者救済と損害賠償を果たすことを訴えてきました。とくに朝聯は、東京裁判で裁かれなかった日本の朝鮮侵略と植民地支配の罪を念頭に、責任者処罰を求めました。今日、ジェノサイド条約に基づいて非人道的な虐殺行為の不法性を問ううえでも、虐殺直後から被害当事者の責任追及の「声」があったこと、それがどのような「声」であったのかを想起する必要があるでしょう。

　それでは、こうした責任追及はなぜ試みに終わってしまったのでしょうか。今後の課題を考えるうえでも運動が直面した「壁」が何であったのかを確認しておく必要があります。

　植民地期は当局の取締りのなかで困難を極め（☞Q12）、解放後に関連運動を担った朝聯は、関東大震災朝鮮人虐殺問題とともに、同時代の新たな朝鮮人取締りと弾圧（外国人登録令や警察の襲撃、民族教育弾圧など）を批判していきましたが、ついには強制解散させられました。その後、新たなジェノサイドを伴った朝鮮戦争が勃発するなかで、戦争と分断の克服＝自主的平和統一が運動の最大の課題となり、震災当時の虐殺問題は後景にしりぞかざるをえませんでした。このように、虐殺の真相と責任を求める運動は、在日朝鮮人の前に立ちはだかった弾圧と、戦争と分断の継続が最も大きな「壁」となりました。

　しかしそれと同時に、その弾圧をはねのけ、真相究明と責任追及を推し進める側の力も十分ではなかったといえます。この点、在日朝鮮人運動は常に日本の革新勢力と手を携えながら進められてきました。虐殺直後の日本政府への弾劾文は日本労働団体と、解放直後の追悼会と証

言集の発刊は日本共産党をはじめとする革新勢力との提携の成果でした。

　しかしその過程で、日本側は亀戸事件や大杉事件といった日本人が虐殺された問題の方に関心が強く、自らが加害者となった朝鮮人虐殺については向き合わずにきました。連帯する日本側の消極的な立場は、運動を推し進めるうえで小さくない「壁」となったのです。

　この2つの「壁」は、日本政府が国家責任を認め、主権者たる日本国民が国家に責任を認めさせ、また民衆の虐殺責任に向き合うことで、はじめて壊せるのではないでしょうか。

　在日朝鮮人運動の試みは、朝鮮戦争を経て浮き沈みはありましたが、1965年の「日韓条約」を前後した時期に植民地支配と虐殺の責任を問う研究（『関東大震災における朝鮮人虐殺の真相と実態』朝鮮大学校、

日本弁護士連合会の勧告　2003年8月25日

内閣総理大臣　小泉純一郎殿

　　　　　　　　　　　　　　日本弁護士連合会　会長　本林徹

第1　勧告の趣旨
　1、　国は関東大震災直後の朝鮮人、中国人に対する虐殺事件に関し、軍隊
　　　による虐殺被害者、遺族、および虚偽事実の伝達など国の行為に誘発
　　　された自警団による虐殺の被害者、遺族に対し、その責任を認めて謝
　　　罪すべきである。
　2、　国は、朝鮮人、中国人虐殺の全貌と真相を調査し、その原因を明らか
　　　にすべきである。

第2　勧告の理由 別添調査報告書記載のとおりである。

1963 年など）が行われ、それ以降も朝鮮総聯機関紙に生存者の体験記（『朝鮮新報』『朝鮮時報』など）が掲載されていきました。そして、1990年代、植民地支配と侵略戦争の被害者らが声を挙げていくなか、関東大震災朝鮮人虐殺についても、虐殺目撃者である文戊仙が日本弁護士連合会に人権救済申し立てを行いました。2003 年には真相究明と責任を求め、当時の小泉純一郎首相宛てに日弁連勧告書が提出されましたが、日本政府は今日までもそれに応答していません。

　日本はいま、あらためて、植民地支配の責任を求める国際的な声、そして真相の公表、謝罪・賠償、責任者処罰を求めてきた被害者側からの告発の声に、応答することが求められているのです。

　強制連行・強制労働問題の大法院判決をめぐる最近の日韓「和解」にみられるような、「植民地支配の責任に決して向き合わない」という日本の立場は、この 100 年間まったく変わりがありません。

　日本はこうした立場を堅持するのではなく、被害者に向き合い、関東大震災朝鮮人虐殺の罪を認めたうえで、真相調査と公開、謝罪と賠償、被害者・遺族のトラウマ治癒、歴史改ざん否定や歴史教育といった再発防止策など、具体的な責任をいまこそ果たすべきです。

　虐殺から 100 年、犠牲者たちが安らかに眠るために今何をすべきなのか、われわれは問われています。

参考文献——

山田昭次『関東大震災時の朝鮮人虐殺とその後——虐殺の国家責任と民衆責任』創史社、2011年

鄭栄桓「解放後の在日朝鮮人運動と「関東大虐殺」問題——震災追悼行事の検討を中心に」関東大震災90周年記念行事実行委員会編『関東大震災　記憶の継承——歴史・地域・運動から現在を問う』日本経済評論社、2014年

鄭永寿「関東大虐殺事件と植民地支配責任追及——解放直後在日朝鮮人運動の

実践」『記録集　関東大震災95周年朝鮮人虐殺犠牲者追悼シンポジウム
関東大震災時の朝鮮人大虐殺と植民地支配責任』朝鮮大学校朝鮮問題研
究センター、2019年

執筆・編集：朝鮮大学校朝鮮問題研究センター・在日朝鮮人関係資料室
　　　　　　（金哲秀、金英子、鄭永寿、李豊海、李玲実)
監修：鄭永寿

Q&A　関東大震災 100 年　朝鮮人虐殺問題を考える

発行日　2023 年 9 月 1 日初版第 1 刷発行

編　者　朝鮮大学校朝鮮問題研究センター・在日朝鮮人関係資料室
発　行　フォーラム平和・人権・環境
　　　　〒101－0062　東京都千代田区神田駿河台 3－2－11 連合会館内
　　　　電話 03－5289－8222　FAX03－5289－8223
装　幀　全賢哲
発　売　株式会社　八月書館
　　　　〒113-0033　東京都文京区本郷 2-16-12　ストーク森山 302
　　　　電話 03－3815－0672　FAX03－3815－0642
印刷所　創栄図書印刷　株式会社

ISBN978-4-909269-21-8　定価はカバーに表示してあります